MÜLLER

Polizeibeamte als Zeugen im Strafverfahren

Polizeibeamte als Zeugen im Strafverfahren

Vom Ermittler zum Beweismittel

Prof. Dr. Kai Müller
Hochschule für Polizei Baden-Württemberg

2., aktualisierte und überarbeitete Auflage, 2021

BOORBERG

Bibliografische Information der Deutschen Nationalbibliothek |
Die Deutsche Nationalbibliothek verzeichnet diese Publikation in der Deutschen Nationalbibliografie; detaillierte bibliografische Daten sind im Internet über www.dnb.de abrufbar.

2. Auflage, 2021

ISBN 978-3-415-06913-8

Titelfoto: © Семен Саливанчук – stock.adobe.com | Satz: abavo GmbH, Nebelhornstraße 8, 86807 Buchloe | Druck und Bindung: Laupp & Göbel GmbH, Robert-Bosch-Straße 42, 72810 Gomaringen

Richard Boorberg Verlag GmbH & Co KG | Scharrstraße 2 | 70563 Stuttgart
Stuttgart | München | Hannover | Berlin | Weimar | Dresden
www.boorberg.de

Vorwort

Der Auftritt als Zeuge vor Gericht ist für viele Polizeibeamte Teil der alltäglichen Arbeit. Insofern müssten Polizeibeamte mit ihrer Zeugenrolle eigentlich vertraut sein. Bei meiner Tätigkeit als (ehemaliger) Rechtsanwalt und Strafverteidiger sowie als Dozent in der polizeilichen Fort- und Ausbildung habe ich jedoch den Eindruck gewonnen, dass auf diesem „polizeilichen Arbeitsfeld" bei vielen Beamten immer noch Wissenslücken und teilweise auch ein gewisses Maß an Unsicherheit herrschen. Hieraus erklärt sich wohl auch das weiterhin ungebrochen große und gerade in den letzten Jahren eher noch gewachsene Interesse von Polizeibeamten an diesem Thema, das ich in den entsprechenden Fortbildungsveranstaltungen immer wieder wahrnehme.

Ziel der Darstellung ist es, eine größere Handlungssicherheit und damit eine gewisse Professionalität im Auftreten vor Gericht sowie im Umgang mit den Verfahrensbeteiligten für den polizeilichen Zeugen zu schaffen. Bei den dafür anzusprechenden vielfältigen Aspekten habe ich einen Schwerpunkt auf die Darstellung der Verteidigung gelegt, da nach meinen Erfahrungen hier bei Polizeibeamten viele Fehlvorstellungen oder aber einfach Unkenntnis über die „Figur" des Strafverteidigers herrschen. Dies kann, gepaart mit einer mangelhaften Akzeptanz seiner eigenen Zeugenrolle vor Gericht, ein unprofessionelles Zeugenverhalten im Umgang mit dem Verteidiger auslösen.

Seit dem Erscheinen der 1. Auflage vor mehr als acht Jahren sind viele für die Thematik wichtige Gesetzesänderungen erfolgt. Hierzu zählen beispielsweise eine Stärkung der Verfahrensrechte von Beschuldigten, die Neuregelung des Rechts der notwendigen Verteidigung, der verstärkte Einsatz von Videotechnik bei Vernehmungen sowie eine Stärkung der Rechte jugendlicher Beschuldigter. Die 2. Auflage hat, neben einer Überarbeitung und der notwendigen Aktualisierung von Rechtsprechung und Literatur, auch eine Erweiterung in genau diesen Themenbereichen erfahren.

Insgesamt habe ich mich bei der Darstellung bemüht, nur so sehr in rechtliche Details zu gehen, wie es notwendig ist, um dem Polizeibeamten die erforderlichen Kenntnisse zu vermitteln. Auf die Erörterung juristischer Streitstände ist daher verzichtet worden. Stattdessen habe ich mich nach Möglichkeit an der für die Praxis maßgebenden obergerichtlichen Rechtsprechung orientiert. Persönliche Sympathien für hiervon abweichende Meinungen habe ich dem Praktiker weitestgehend erspart.

Rechtsprechung und Literatur befinden sich auf dem Stand von Oktober 2020.

Hinweise, Anregungen und Kritik sind unter kaimueller@hfpol-bw.de ausdrücklich erwünscht.

Emmendingen/Villingen-Schwenningen, im Oktober 2020 *Kai Müller*

Inhaltsverzeichnis

Abkürzungsverzeichnis ... 11

Einleitung ... 15

1. Kapitel: Der Zeuge im System der Beweislehre ... 19
I. Grundzüge der Beweislehre ... 19
1. Strengbeweisverfahren ... 20
2. Freibeweisverfahren ... 20
3. Schwächen des Zeugenbeweises ... 21
II. Der Begriff des Zeugen ... 21
1. Gegenstand der Zeugenaussage ... 21
2. Zeugen vom Hörensagen ... 22
III. Begriff und Funktion der Beweisverbote ... 22

2. Kapitel: Hauptverhandlung und Verfahrensbeteiligte ... 25
I. Das Gericht ... 25
1. Aufklärungspflicht des Gerichts ... 25
2. Organisation der Strafgerichtsbarkeit ... 26
3. Ausschließung und Ablehnung von Richtern ... 29
4. Aufgaben des Gerichts in der Hauptverhandlung ... 30
II. Grundsätze der Hauptverhandlung ... 32
1. Grundsatz der Mündlichkeit ... 32
2. Grundsatz der Unmittelbarkeit ... 33
III. Ablauf der Hauptverhandlung ... 34
IV. Die Verfahrensbeteiligten ... 34
1. Die Staatsanwaltschaft ... 35
2. Der Beschuldigte als Angeklagter ... 36
3. Der Verletzte als Nebenkläger ... 38

3. Kapitel: Der Polizeibeamte als Zeuge vor Gericht ... 41
I. Zeugenrollen des Polizeibeamten ... 41
1. Der Polizeibeamte als Tatzeuge ... 41
2. Der Polizeibeamte als Zeuge der eigenen Ermittlungen ... 45
3. Rollenwechsel: vom Ermittler zum personellen Beweismittel. 47
II. Pflichten und Rechte des Polizeizeugen ... 48
1. Pflichten des Polizeizeugen ... 48
2. Rechte des Polizeizeugen ... 57

III. Beweiswert der Zeugenaussage 65
1. Der Polizeibeamte als Sonderfall des Zeugen 65
2. Aussagefähigkeit 67
3. Glaubhaftigkeit und Glaubwürdigkeit 68

4. Kapitel: Die Vernehmung des Polizeibeamten vor Gericht 73
I. Warteposition 73
II. Äußerliches Auftreten 74
III. Angaben zur Person und zur Sache 75
1. Vernehmung zur Person 75
2. Vernehmung zur Sache 76
IV. Das Fragerecht 80
1. Grundsätze zum Fragerecht 81
2. Unzulässige Fragen 84

5. Kapitel: Strafverteidigung und polizeilicher Zeuge 91
I. Der Strafverteidiger als Verfahrensbeteiligter 92
1. Stellung und Funktion des Verteidigers 92
2. Pflichten des Verteidigers 93
3. Rechte des Verteidigers 95
II. Strafverteidigung als Konflikt 97
III. Begriff der Konfliktverteidigung 98
IV. Fragetaktiken der Verteidigung 100
1. Verunsicherungstaktik 101
2. Verhinderungstaktik 103
3. Rollentauschtaktik 104
4. Provokationstaktik 105
V. Vorbereitung des Verteidigers auf die Hauptverhandlung 105
1. Entwicklung eines Verteidigungskonzepts 106
2. Vorbereitung der Zeugenvernehmung 107
3. Fragenkatalog zur Zeugenvernehmung 108

6. Kapitel: Vernehmungsfehler im Ermittlungsverfahren 111
I. Beschuldigtenbelehrung 111
1. Folgen von Belehrungsfehlern 112
2. Belehrungszeitpunkt 112
3. Belehrungsinhalt 116
II. Beschuldigtenvernehmung 125
1. Vernehmungsfähigkeit 125
2. Vernehmung zur Person 128
3. Eröffnung des Tatvorwurfs 128
4. Vernehmung zur Sache 129

III. Protokollierung 130
1. Protokollinhalt 130
2. Protokollart 132

7. Kapitel: Verhaltensempfehlungen für Polizeizeugen 135
I. Vorbereitung 135
II. Zeugenaussage 136
III. Nachbereitung 137
IV. Fort- und Ausbildung 137

Gesetzesanhang – Auszüge – 139

Literaturverzeichnis 167

Stichwortverzeichnis 171

Abkürzungsverzeichnis

a. A.	anderer Ansicht
AG	Amtsgericht
Anm.	Anmerkung
AO	Abgabenordnung
Art.	Artikel
Aufl.	Auflage
BAK	Blutalkoholkonzentration
BBG	Bundesbeamtengesetz
BeamtStG	Beamtenstatusgesetz
BGBl.	Bundesgesetzblatt
BGH	Bundesgerichtshof
BGHSt	Entscheidungen des Bundesgerichtshofs in Strafsachen (zitiert nach Band und Seite)
BORA	Berufsordnung für Rechtsanwälte
BRAO	Bundesrechtsanwaltsordnung
BVerfG	Bundesverfassungsgericht
BVerfGE	Entscheidungen des Bundesverfassungsgerichts (zitiert nach Band und Seite)
BVerwG	Bundesverwaltungsgericht
DAR	Deutsches Autorecht (Zeitschrift)
ders.	derselbe
dies.	dieselben
DÖV	Die Öffentliche Verwaltung (Zeitschrift)
DPolBl.	Deutsches Polizeiblatt
DRiZ	Deutsche Richterzeitung
EGStGB	Einführungsgesetz zum Strafgesetzbuch
Einl.	Einleitung
EMRK	(Europäische) Konvention zum Schutz der Menschenrechte und Grundfreiheiten

f.	folgende
ff.	fortfolgende
GG	Grundgesetz
GSSt	Großer Senat für Strafsachen
GVG	Gerichtsverfassungsgesetz
HRRS	Höchstrichterliche Rechtsprechung zum Strafrecht (Online-Zeitschrift)
hrsg.	herausgegeben
i. e. S.	im engeren Sinn
i. V. m.	in Verbindung mit
JGG	Jugendgerichtsgesetz
JR	Juristische Rundschau
JVEG	Justizvergütungs- und -entschädigungsgesetz
JZ	Juristenzeitung
KK	Karlsruher Kommentar zur Strafprozessordnung
LG	Landgericht
LR	Löwe-Rosenberg, Strafprozessordnung und Gerichtsverfassungsgesetz (Kommentar)
MDR	Monatsschrift für Deutsches Recht
m. w. N.	mit weiteren Nachweisen
NJW	Neue Juristische Wochenschrift
Nr.	Nummer
NStZ	Neue Zeitschrift für Strafrecht
NStZ-RR	NStZ-Rechtsprechungs-Report
NVwZ-RR	Neue Zeitschrift für Verwaltungsrecht-Rechtsprechungs-Report
OLG	Oberlandesgericht
OWiG	Gesetz über Ordnungswidrigkeiten
PDV	Polizeidienstvorschrift
RGSt	Entscheidungen des Reichsgerichts in Strafsachen (zitiert nach Band und Seite)
RiStBV	Richtlinien für das Straf- und Bußgeldverfahren
Rn.	Randnummer

S.	Seite
SK	Systematischer Kommentar zur Strafprozessordnung
sog.	sogenannte
StGB	Strafgesetzbuch
StRR	Strafrechtsreport
StPO	Strafprozessordnung
StraFo	Strafverteidiger Forum (Zeitschrift)
StV	Strafverteidiger (Zeitschrift)
u.	und
u. a.	unter anderem
VGH	Verwaltungsgerichtshof
vgl.	vergleiche
Vorbem.	Vorbemerkung
WÜK	Wiener Übereinkommen über konsularische Beziehungen
z. B.	zum Beispiel
ZIS	Zeitschrift für Internationale Strafrechtsdogmatik
ZPO	Zivilprozessordnung

Einleitung

Der Polizeibeamte als Zeuge ist ein in der gerichtlichen Praxis alltägliches und oftmals wichtiges Beweismittel, das dienstliche Vorkommnisse bekundet. Dabei wird dem polizeilichen Zeugen im Sinne eines Berufszeugen[1] eine berufsbedingte Sonderrolle zugeschrieben, die mit vielen Kritikpunkten behaftet ist. So reichen die Ansichten zur Qualität des Polizeizeugen von „idealer Zeuge“[2] über „guter Zeuge“[3] bis hin zu „unzuverlässiger Zeuge“[4] oder „mangelhaftes Beweismittel.“[5] Die Ursache der Kritik ist in der berufsbedingten Doppelfunktion als Ermittler und Zeuge angelegt. Entgegen der gesetzlichen Konzeption liegt die praktische Durchführung des strafrechtlichen Ermittlungsverfahrens regelmäßig bei der Polizei, während die Staatsanwaltschaft als Herrin des Verfahrens (§ 160 I StPO) für die abschließende Verfügung (Anklage, Strafbefehl, Einstellung etc.) zuständig ist.[6] Der Polizeibeamte führt bei seiner Tätigkeit als Ermittlungsbeamter im Strafverfahren neben diversen Zwangsmaßnahmen auch Vernehmungen von Beschuldigten und Zeugen durch. Diese aktive, den Ablauf des Ermittlungsverfahrens wesentlich mitbestimmende Rolle verkehrt sich im Hauptverfahren vor Gericht in eine passive Rolle, wenn der Polizeibeamte nunmehr als Zeuge selbst zum Beweismittel in „seinem Verfahren“ wird. Er muss sich in der Folge als Zeuge von Gericht, Staatsanwaltschaft, Verteidiger, Angeklagtem und möglichem Nebenkläger befragen lassen und hat damit seine aktive Rolle verloren. Er wird vom Vernehmenden zum Vernommenen. Hierbei muss er sich insbesondere von Seiten der Verteidigung oftmals detaillierten und kritischen Fragen zu seiner Ermittlungstätigkeit stellen, wodurch das Gefühl entstehen kann, seine eigene Ermittlungsarbeit nunmehr rechtfertigen bzw. verteidigen zu müssen. Insbesondere die Befragung durch den Verteidiger empfindet der Polizeibeamte dabei oftmals als unangenehm bis unfair, wofür von den Betroffenen teilweise der Begriff „Konfliktverteidigung“ gebraucht wird.[7] Insoweit befindet sich der Polizeibeamte als Zeuge in einer schwierigen Situation: Er muss wahrheitsgemäß und objektiv über seine Ermittlungstätigkeit aussagen und dabei diese oft-

1 Ausführlich zu dem Begriff *Theune*, S. 29 ff.; Gerst/*Meinicke*, Teil 1, Rn. 1 f.

2 Bei *Habschick*, S. 286.

3 *Eisenberg*, Rn. 1455 m. w. N.

4 *Theune*, S. 247.

5 *Maeffert*, StV 1982, 386, 391.

6 Zum Verhältnis zwischen Staatsanwaltschaft und Polizei *Roxin/Schünemann*, § 9, Rn. 21 ff.

7 Hierzu *Trurnit*, Kriminalistik 2009, 425 ff.

mals gleichzeitig gegen Angriffe der Verfahrensbeteiligten verteidigen, ohne aber seine Zeugenrolle zu verlassen bzw. zu beschädigen.

Darüber hinaus ist dem Polizeibeamten auch die rechtliche Bedeutung seiner Aussage für den Verfahrensausgang nicht immer vollauf bewusst. Existiert beispielsweise ein polizeiliches Vernehmungsprotokoll des in der Hauptverhandlung schweigenden Angeklagten, ist dies als Urkundenbeweis aufgrund der Beschränkung des § 254 I StPO auf richterliche Protokolle nicht verwertbar.[8] Daher kommt vor Gericht der Vernehmung der polizeilichen Verhörperson als Zeuge vom Hörensagen große Bedeutung zu. Kennt der Polizeibeamte die sich aus § 254 I StPO ergebenden Rechtsfolgen nicht, so kann er auch nicht die Bedeutung seiner Aussage für das Verfahren absehen. Folglich empfindet er seine Aussagepflicht vor Gericht teilweise als „lästige Pflicht".

Um den gestellten Anforderungen gerecht werden zu können, muss der Polizeibeamte ein professionelles Zeugenverhalten im Umgang mit Gericht und Verfahrensbeteiligten zeigen. Voraussetzung hierfür sind zunächst Grundkenntnisse über das Beweisrecht sowie die Rechte der Verfahrensbeteiligten. Nur so kann der Polizeibeamte seine eigene Verfahrensrolle als Zeuge richtig einschätzen. Weiterhin erfordert ein professionelles Auftreten vor Gericht fundierte Kenntnisse der Pflichten und Rechte des Polizeizeugen sowie des Beweiswerts und der Glaubwürdigkeitsanforderungen von Zeugenaussagen. Mit Hilfe dieses rechtlichen und aussagepsychologischen Wissens gewinnt der Polizeibeamte Handlungssicherheit als Zeuge vor Gericht. Hierzu gehört auch eine ausführliche Darstellung des sog. Fragerechts, welches insbesondere die Verteidigung für kritische Fragen an den polizeilichen Zeugen nutzt. Wie bereits kurz erwähnt, ist gerade das Verhältnis zwischen dem Verteidiger und dem Polizeizeugen oftmals problematisch und angespannt. Daher wird besonderes Gewicht auf die Darstellung der Verteidigung gelegt. Diese erschöpft sich nicht in der bloßen Erläuterung von Funktion, Pflichten und Rechten der Verteidigung, sondern beinhaltet auch Verteidigungsstrategien und Fragetaktiken sowie die gebotenen Reaktionen. Darüber hinaus wird die Sichtweise des Verteidigers auf den polizeilichen Zeugen und die praktische Vorbereitung auf die Hauptverhandlung ins Blickfeld genommen. Hierdurch soll ein „Verstehen" der Arbeit des Strafverteidigers und damit ein notwendiger professionellerer Umgang des Polizeibeamten mit der Verteidigerrolle im Strafverfahren gefördert werden.

8 BGHSt 1, 337, 339; 14, 310, 311.

Letztlich basiert die Qualität der Zeugenaussage des Polizeibeamten entscheidend auf der Qualität seiner Ermittlungen. Konflikte, die während der Vernehmung des Polizeibeamten durch kritische Fragen der Verfahrensbeteiligten entstehen, haben typischerweise ihren Ursprung in der polizeilichen Ermittlungstätigkeit. Insbesondere im Rahmen von polizeilichen Beschuldigtenvernehmungen existieren viele Fehlerquellen, deren Vermeidung einen späteren Konflikt in der Zeugenrolle von vornherein unterbindet. Folglich beinhaltet die Darstellung auch einen Exkurs über mögliche Fehler bei der Beschuldigtenvernehmung.

Um die Ausführungen für die praktische Anwendung besser fruchtbar zu machen, werden in den einzelnen Kapiteln besonders gekennzeichnete Hinweise sowie am Schluss zusammenfassend konkrete Verhaltensempfehlungen gegeben. Wichtige Vorschriften finden sich im Anhang.

1. Kapitel
Der Zeuge im System der Beweislehre

Der Polizeibeamte hat durch seine Ausbildung und Praxis strafverfahrensrechtliche Kenntnisse, die sich hauptsächlich auf sein Tätigkeitsfeld, das Ermittlungsverfahren, beschränken. Für ein sicheres Auftreten als Zeuge in der Hauptverhandlung ist es hilfreich, auch den rechtlichen Rahmen, in dem sich die gerichtliche Entscheidungsfindung im Hauptverfahren abspielt, zu kennen. Nur so kann der Polizeibeamte als Zeuge Sinn und Bedeutung der an ihn gerichteten Fragen und Vorhalte einschätzen und infolgedessen professioneller reagieren. Daher werden zunächst einige Grundlagen zur Beweislehre und zur Beweisfunktion des Zeugen in der Hauptverhandlung dargestellt. Im Zusammenhang mit der Pflicht des Gerichts zur Wahrheitserforschung sind auch kurze Ausführungen zur komplexen Thematik der Beweisverbote notwendig, um die Grenzen der gerichtlichen Wahrheitserforschung auszuloten. Diese Materie ist auch für das Ermittlungsverfahren von Interesse, da der ermittelnde Polizeibeamte bestrebt sein muss, gerichtsverwertbare Beweise zu ermitteln.

I. Grundzüge der Beweislehre

Im Unterschied zu dem im Ermittlungsverfahren ausreichenden Verdacht in seinen verschiedenen Formen (Anfangsverdacht, hinreichender und dringender Tatverdacht) müssen in der Hauptverhandlung alle für die Schuld- und Straffrage entscheidungserheblichen Tatsachen voll bewiesen werden. Beweisen bedeutet dabei, vom Bestehen einer Tatsache überzeugt zu sein. Für die nach § 261 StPO notwendige Überzeugung des Gerichts vom Beweis einer Tatsache genügt ein nach der Lebenserfahrung ausreichendes Maß an Sicherheit, demgegenüber vernünftige und nicht bloß auf denktheoretische Möglichkeiten begründete Zweifel nicht mehr aufkommen.[9] Bleiben nach Abschluss dieser freien Beweiswürdigung des Gerichts Zweifel, so ist zugunsten des Angeklagten zu entscheiden (in dubio pro reo). Dabei muss beachtet werden, dass jeder Mensch über seine eigene, sich von anderen mehr oder weniger unterscheidende Sozialisation, Lebenserfahrung etc. verfügt. Somit kann die Bewertung eines Sachverhalts durch einen Richter – je nach dessen Lebenserfahrung etc. – durchaus verschieden ausfallen.[10] Die Beweiswürdigung beinhaltet insoweit auch subjektive Elemente.

9 BGH, NStZ-RR 2010, 85.

10 *Esders*, DPolBl. 2011, 5.

1. Strengbeweisverfahren

Das Gesetz schreibt für die Beweisaufnahme über die Schuld- und Straffrage strenge Regeln hinsichtlich der zugelassenen Beweismittel sowie deren Verwendung in der Hauptverhandlung vor. Dieser sog. Strengbeweis erlaubt ausschließlich die vier im Gesetz genannten Beweismittel Zeuge (§§ 48–71 StPO), Sachverständiger (§§ 72–85 StPO), Augenschein (§§ 86–93 StPO) und Urkunde (§§ 249–256 StPO). Während Zeuge und Sachverständiger persönliche Beweismittel sind, handelt es sich bei Augenschein und Urkunde um sachliche Beweismittel. Unter Augenschein ist jede sinnliche Wahrnehmung durch Sehen, Hören, Riechen, Schmecken oder Fühlen zu verstehen,[11] wie das Betrachten von Gegenständen, Bildern oder Filmen, die Leichenschau, das Abspielen von Tonbändern etc. Urkunden sind Schriftstücke jeder Art, die verlesbar sind und durch ihren Gedankeninhalt Beweis erbringen können.[12] Diese vier Beweismittel dürfen nur nach den in §§ 244 ff. StPO festgelegten Regeln verwendet werden. Da die (freiwillige) Aussage des Beschuldigten und sein Auftreten in der Hauptverhandlung regelmäßig eine wichtige Rolle für die Urteilsbildung des Gerichts spielen, ist der Beschuldigte zwar kein Beweismittel im technischen Sinn, wird jedoch zum Beweismittel im weiteren Sinn gezählt.[13]

2. Freibeweisverfahren

Alle übrigen für das Verfahren erheblichen Umstände, die nicht die Schuld- und Straffrage betreffen, beispielsweise die Verhandlungsfähigkeit des Angeklagten oder die Frage, ob bei der Vernehmung des Beschuldigten verbotene Vernehmungsmethoden (§ 136a I StPO) angewandt wurden,[14] können im sog. Freibeweisverfahren, also auf jede beliebige Art und Weise erhoben werden. Hier kann das Gericht auch Beweismittel einsetzen, die von der StPO nicht vorgesehen sind, beispielsweise eine schriftliche oder telefonische Auskunft.[15] Außerhalb der Hauptverhandlung und damit auch im gesamten Ermittlungsverfahren gilt ausschließlich der Freibeweis.

11 BGHSt 18, 51, 53.
12 BGHSt 27, 135, 136.
13 *Roxin/Schünemann*, § 25, Rn. 1.
14 BGHSt 16, 164, 166.
15 Vgl. BGH, NStZ 1984, 134.

3. Schwächen des Zeugenbeweises

Der Zeugenbeweis ist dabei ein in der Praxis häufig vorkommendes Beweismittel, oftmals das einzige oder zumindest entscheidende Beweismittel. Jedoch ist der Zeugenbeweis auch ein für die Wahrheitsermittlung des Geschehenen unsicheres Beweismittel, da ein Zeuge seine vor Gericht zu bekundenden Wahrnehmungen nicht rein objektiv, sondern aus seiner eigenen Sicht und damit zwangsläufig subjektiv gemacht hat. Neben dieser unbewussten Einfärbung der Zeugenaussage kann der Zeuge auch ein persönliches Interesse am Verfahrensausgang haben und seine Aussage entsprechend ausrichten. Der großen praktischen Bedeutung der Zeugenaussage steht also ein zumindest skeptisch zu beurteilender Beweiswert gegenüber.

II. Der Begriff des Zeugen

Zeuge ist, wer seine Wahrnehmungen über Tatsachen durch Aussage kundgeben soll.[16] Dabei ist niemand von vornherein untauglich, so dass beispielsweise auch Kinder und Geisteskranke als Zeugen in Betracht kommen.[17] Ebenso ist es unerheblich, ob der Zeuge zufällig eine Beobachtung gemacht hat oder aber gezielt eingesetzt wurde, wie beispielsweise ein Verdeckter Ermittler oder ein V-Mann. Auch eine besondere Sachkunde schließt die Zeugeneigenschaft nicht aus (sachverständiger Zeuge gem. § 85 StPO).

1. Gegenstand der Zeugenaussage

Inhaltlich bezieht sich die Zeugenaussage stets auf innere oder äußere Wahrnehmungen durch Sehen, Hören, Fühlen, Lesen, Riechen, Schmecken etc. Da der Zeuge Wahrnehmungen bekunden soll, ist es gerade nicht seine Aufgabe, Rechtsfragen, Erfahrungsregeln, allgemeine Eindrücke, Schlussfolgerungen oder Vermutungen zu tätigen.[18] Der Polizeibeamte als Zeuge sollte sich daher bei seiner Aussage auf seine Wahrnehmungen beschränken und eine Vermischung mit Schlussfolgerungen und Bewertungen vermeiden. Solche Schlussfolgerungen und Bewertungen werden nicht vom Zeugen, sondern vom Sachverständigen getroffen. Auch können reine

16 RGSt 52, 289.

17 BGHSt 2, 269, 270.

18 *Schmitt*, in: Meyer-Goßner/Schmitt, Vor § 48, Rn. 2.

Werturteile nicht Gegenstand des Zeugenbeweises sein.[19] Über die Charaktereigenschaften eines anderen kann ein Zeuge daher nur aussagen, wenn er auch Tatsachen bekunden kann, die den Schluss auf diese Eigenschaften zulassen.[20]

2. Zeugen vom Hörensagen

Auch der Zeuge vom Hörensagen fällt unter den Zeugenbegriff. Er berichtet über das, was Dritte ihm gegenüber geäußert haben, er also von diesen gehört hat, nicht aber, ob das Gehörte auch wahr ist.[21] So ist der Polizeibeamte, der vor Gericht über die von ihm durchgeführte Beschuldigtenvernehmung berichtet, Zeuge vom Hörensagen. Die Aussage eines solchen „mittelbaren Zeugen" ist zwar vor Gericht verwertbar, hat allerdings einen geringeren Beweiswert, da der Zeuge vom Hörensagen das Bekundete eben selbst nur vom unmittelbaren Zeugen bzw. vom Beschuldigten gehört hat.[22]

Merke:

Der Zeuge vom Hörensagen bekundet somit nicht eine zum gesetzlichen Tatbestand gehörende Tatsache, sondern ein Beweisanzeichen, das auf eine solche Tatsache hindeutet.[23] Die Aussage eines Zeugen vom Hörensagen muss daher regelmäßig durch weitere Indizien abgesichert werden.[24]

III. Begriff und Funktion der Beweisverbote

Der Begriff Beweisverbote umfasst Beweiserhebungs- und Beweisverwertungsverbote.[25] Erstere verbieten, sich Beweise über ein bestimmtes Thema mit gewissen Beweismitteln oder Beweismethoden zu verschaffen, beispielsweise den Einsatz verbotener Vernehmungsmethoden nach § 136a StPO. Beweiserhebungsverbote untersagen die Verwertung von Erkenntnissen, die man durch eine Beweiserhebung oder auf andere Weise erhalten hat. Dabei ist zu beachten, dass ein Beweiserhebungsverbot immer dann ein Beweisverwertungsverbot nach sich zieht, wenn eine entsprechende gesetzliche

19 *Eisenberg*, Rn. 1003.

20 *Schmitt*, in: Meyer-Goßner/Schmitt, Vor § 48, Rn. 3.

21 LR-*Cirener/Sander*, 27. Aufl., § 250, Rn. 25.

22 BVerfGE 57, 250, 292 f.

23 BGHSt 17, 382, 384.

24 BGHSt 34, 15, 18; 42, 15, 25.

25 Zur Systematik *Eisenberg*, Rn. 332 ff.

Verbotsregelung besteht. So hat eine Wohnraumüberwachung, die unzulässigerweise in den Kernbereich privater Lebensgestaltung eingreift, zur Folge, dass die dadurch gewonnenen Erkenntnisse nicht verwertbar sind (§ 100c V 3 StPO). Existiert ein gesetzliches Beweisverwertungsverbot nicht, folgt aus einem gesetzlichen Beweiserhebungsverbot, wie beispielsweise den Beschlagnahmeverboten nach § 97 StPO, keineswegs zwingend ein Beweisverwertungsverbot. Die Frage wird dann von der obergerichtlichen Rechtsprechung durch Auslegung im Sinne einer umfassenden Abwägung der widerstreitenden Interessen beantwortet (sog. Abwägungslehre).[26] Andererseits muss einem Beweisverwertungsverbot nicht zwingend ein Beweiserhebungsverbot vorausgehen. So hat der BGH in einem Strafverfahren wegen Meineids die Verwertbarkeit des durch einen Dritten den Strafverfolgungsbehörden übersandten Tagebuchs der Angeklagten abgelehnt.[27]

Merke:

Aus dem beschriebenen Strengbeweisverfahren folgt, dass nur die zugelassenen Beweismittel, die in der zugelassenen Art und Weise eingesetzt wurden, die Grundlage der Entscheidung des Gerichts bilden. Insofern bedeuten die Beweisverbote eine Einschränkung der Wahrheitsfindung des Gerichts. Die Wahrheit soll zwar erforscht werden, aber nicht um jeden Preis.[28]

Somit schränken die Beweiserhebungsverbote die Aufklärungspflicht des Gerichts ein, während die Beweisverwertungsverbote die Verarbeitung aller dem Gericht bekannten Informationen begrenzen. Der Richter darf daher sein vorhandenes Wissen nicht für die Entscheidungsfindung berücksichtigen, wenn dieses Wissen einem Beweisverwertungsverbot unterliegt. Im Extremfall kann das zu einem Freispruch führen, obwohl dem Richter die für eine Verurteilung notwendigen Tatsachen bekannt sind. Wurden beispielsweise bei einer aufgrund fehlender richterlicher Anordnung rechtswidrigen Wohnungsdurchsuchung Betäubungsmittel gefunden und liegen keine weiteren eine Verurteilung tragenden Beweise vor, muss der Angeklagte freigesprochen werden.[29] Daher können Fehler in der polizeilichen Ermittlungsarbeit gravierende Folgen für den Ausgang des Hauptverfahrens haben.

26 BGHSt 37, 30, 32; 38, 214, 219 f.

27 BGHSt 19, 325, 334.

28 BGHSt 14, 358, 365.

29 Vgl. OLG Düsseldorf, StV 2017, 1 ff.

2. Kapitel
Hauptverhandlung und Verfahrensbeteiligte

Für den Polizeibeamten als Zeugen in der Hauptverhandlung ist es unerlässlich, die Stellung und Aufgaben des Gerichts und der Verfahrensbeteiligten sowie die Grundsätze und den Ablauf der Hauptverhandlung in wesentlichen Grundzügen zu kennen. Dies ermöglicht dem Polizeibeamten, das Agieren der wichtigsten Verfahrensbeteiligten zu verstehen, seine eigene Rolle als Zeuge in der Hauptverhandlung besser einordnen und in der Folge sicherer auftreten zu können. Letztlich trägt dies auch dazu bei, durch bessere Rechtskenntnisse mögliche Vorbehalte gegenüber der Justiz nach dem Motto *„Die Polizei fängt die Täter, die Justiz lässt sie laufen"*[30] abzubauen.

I. Das Gericht

Als Träger des Verfahrens nimmt das Gericht gegenüber den anderen am Verfahren Beteiligten eine Sonderstellung ein. Während Verteidiger, Nebenkläger und in der Praxis zumeist auch der Staatsanwalt für bzw. gegen den Beschuldigten Stellung beziehen, tritt der Richter demgegenüber als „Nichtbeteiligter" auf.[31] Das Gericht, dessen Richter gem. Art. 97 I GG unabhängig und nur dem Gesetz unterworfen sind, agiert als Träger des Verfahrens insoweit „unbeteiligt" und gewährt den Verfahrensbeteiligten rechtliches Gehör (§ 33 StPO).[32]

1. Aufklärungspflicht des Gerichts

Es ist Aufgabe des Gerichts, von Amts wegen die Wahrheit zu erforschen, d.h. den Sachverhalt umfassend aufzuklären und alle dafür notwendigen Beweise zu erheben. Ziel des Strafverfahrens ist, herauszufinden, wie es wirklich gewesen ist (sog. materielle Wahrheit). Im Unterschied hierzu gelten beispielsweise im Zivilprozess alle von den Parteien (Kläger und Beklagter) als unstreitig behandelten oder zugestandenen Tatsachen als wahr (§ 138 III ZPO; sog. formelle Wahrheit). Hingegen muss die strafrechtliche

30 *Mai/Köpke*, Kriminalistik 1995, 263, 265.
31 *Kühne*, Rn. 108.
32 *Schmitt*, in: Meyer-Goßner/Schmitt, Einl., Rn. 71.

Verurteilung in einem rechtsstaatlichen Strafverfahren auf materiell wahrer Tatsachenfeststellung beruhen. Es gilt, die Tatsachen, die verfahrensrechtlich oder für die Schuldfrage sowie die Rechtsfolgenentscheidung erheblich sind, festzustellen. Das Gericht versucht insofern ein zeitlich zurückliegendes Geschehen mit Hilfe der zugelassenen Beweismittel zu rekonstruieren. Ob dies gelingt, hängt von der Qualität der Beweismittel ab.

Merke:

Da das Gericht, wie erläutert, an bestimmte Beweismittel gebunden ist, stellt dies stets nur einen Versuch dar, der Wahrheit möglichst nahezukommen. Insoweit ist sein Urteil auch nur *„ein Wurf nach der Gerechtigkeit"*.[33]

2. Organisation der Strafgerichtsbarkeit

Insbesondere im Hinblick auf das später zu erörternde Verteidigerverhalten in der Hauptverhandlung sind einige kurze Ausführungen zur Besetzung und sachlichen Zuständigkeit der Strafgerichte sowie zum Instanzenzug in Strafsachen erforderlich. Zu beachten ist dabei auch das Prinzip des gesetzlichen Richters.

a) Gesetzlicher Richter und Geschäftsverteilungsplan

Das Prinzip des gesetzlichen Richters (Art. 101 I 2 GG; § 16 Satz 2 GVG) bedeutet, dass ausschließlich durch Gesetz bestimmt werden darf und aufgrund eines Gesetzes von vornherein festgelegt werden muss, wer für zukünftige Strafrechtsfälle der zuständige Richter ist.[34] Hierzu verteilt das Präsidium des Gerichts nach einem Geschäftsverteilungsplan (§§ 21a ff. GVG) für das jeweils kommende Geschäftsjahr die Richter auf die einzelnen Spruchkörper und weist nach generellen Kriterien wie Anfangsbuchstaben der Angeklagten, Gerichtsbezirken oder Straftaten die Sachen zu (§ 21e I GVG).[35] Daran kann grundsätzlich nichts mehr geändert werden,[36] so dass für einen Straftäter schon bei Begehung seiner Tat feststeht, wer der zuständige Richter sein wird.

33 *Dahs,* Rn. 12.

34 BVerfG, NJW 1997, 1497, 1498.

35 Einzelheiten bei *Kühne,* Rn. 114 f.

36 Eine Ausnahme findet sich in § 21e III 1 GVG.

b) Zuständigkeit und Besetzung in erster Instanz

In Strafsachen sind Eingangsgericht das Amtsgericht, Landgericht oder Oberlandesgericht, während der Bundesgerichtshof keine erstinstanzliche Zuständigkeit innehat.

aa) Amtsgericht

Die amtsgerichtliche Zuständigkeit (§§ 24 ff. GVG) umfasst den Strafrichter und das Schöffengericht. Der Strafrichter ist als Einzelrichter für Privatklagedelikte (§ 374 I StPO) und Vergehen, bei denen die Straferwartung zwei Jahre nicht übersteigt, zuständig (§ 25 GVG). Bei Vergehen, die nicht in die Zuständigkeit des Strafrichters fallen, und bei Verbrechen, die nicht in die Zuständigkeit des Land- oder Oberlandesgerichts fallen oder im Einzelfall keine höhere Straferwartung als vier Jahre haben (§ 24 I Nr. 1 u. 2 GVG), ist das Schöffengericht zuständig. Dies besteht aus einem Berufs- und zwei ehrenamtlichen Laienrichtern (vgl. § 31 GVG), den sog. Schöffen (§ 29 I 1 GVG). Hieraus wird deutlich, dass die Alltagskriminalität vom Diebstahl über die gefährliche Körperverletzung bis zum (einfachen) Raub in der Regel vor dem Amtsgericht verhandelt wird.

bb) Landgericht

Am Landgericht fällt die erstinstanzliche Zuständigkeit den großen Strafkammern zu, die mit zwei oder drei Berufsrichtern und zwei Schöffen besetzt sind (§§ 74–76 GVG). Die großen Strafkammern sind bei Verbrechen und Vergehen zuständig, bei denen die Straferwartung vier Jahre übersteigt (§ 74 I GVG) oder die Staatsanwaltschaft wegen der besonderen Umstände des Falles Anklage beim Landgericht erhoben hat (§ 74 I 2 i. V. m. § 24 I Nr. 3 GVG). Als sog. Schwurgericht ist die große Strafkammer für einzelne im Gesetz aufgezählte Straftatbestände zuständig, bei denen es sich fast ausschließlich um Kapitaldelikte handelt, wie Mord, Totschlag und Vergewaltigung mit Todesfolge (§ 74 II GVG).

cc) Oberlandesgericht

Die Oberlandesgerichte, in deren Bezirk die Landesregierungen ihren Sitz haben, sind in erster Instanz für Staatsschutzdelikte (§ 120 I GVG) sowie für alle in § 74a I GVG aufgezählten Delikte, für bestimmte Mordtaten und gemeingefährliche Delikte, die sich gegen den Bestand, die Sicherheit oder die Verfassung der Bundesrepublik richten (§ 120 II GVG), zuständig, sofern der Generalbundesanwalt wegen der besonderen Bedeutung des Falles die Verfolgung übernimmt.[37] Sie sind bei erstinstanzlicher Zuständigkeit mit drei bzw. fünf Berufsrichtern besetzt (§ 122 II GVG).

---

37 BGHSt 46, 238, 250 f.

c) Instanzenzug und Zuständigkeit in Rechtsmittelsachen

Ist Eingangsgericht der Strafrichter oder das Schöffengericht, so kann gegen diese Entscheidung stets Berufung zur kleinen Strafkammer des Landgerichts eingelegt werden (§ 312 StPO; § 74 III GVG), die wie das Schöffengericht mit einem Berufsrichter und zwei Schöffen (§ 76 I GVG) besetzt ist. Gegen dessen Entscheidung besteht dann noch die Möglichkeit, das Rechtsmittel der Revision einzulegen (§ 333 StPO), über die dann ein Senat des jeweils zuständigen Oberlandesgerichts (§ 121 I Nr. 1 b GVG) in der Besetzung mit drei Berufsrichtern (§ 122 I GVG) entscheidet. Ist hingegen das Landgericht erste Instanz, so gibt es gegen dieses Urteil nur die Revision, über die dann ein Senat des Bundesgerichtshofs mit fünf Berufsrichtern (§§ 135 I, 139 I GVG) entscheidet.

Berufung (§§ 312 ff. StPO) bedeutet, dass eine weitere Tatsacheninstanz mit Hauptverhandlung und Beweisaufnahme durchgeführt wird. Die Revision (§§ 333 ff. StPO) führt hingegen nicht zu einer neuen Verhandlung der Sache. Sie beinhaltet nur eine Überprüfung des Urteils auf formelle und materielle Rechtsfehler. Es findet also keine neue Beweisaufnahme mehr statt. In einer möglichen Hauptverhandlung erfolgt zwischen Gericht, Staatsanwaltschaft und Verteidigung lediglich ein Rechtsgespräch darüber, ob das Urteil der Vorinstanz Fehler aufweist. Auch werden die meisten Revisionen durch Beschluss – ohne Hauptverhandlung – entschieden.

Merke:

Damit gibt es bei Kapitaldelikten wie Mord keine zweite Tatsacheninstanz. Das Urteil des Landgerichts kann mit dem Rechtsmittel der Revision lediglich auf Rechtsfehler überprüft werden. Die dem Urteil zugrunde liegende Tatsachenfeststellung wird in der Hauptverhandlung vor dem Landgericht festgeschrieben und entzieht sich weitestgehend einer revisionsrechtlichen Überprüfung.[38] Bei einer erstinstanzlichen Zuständigkeit des Strafrichters hingegen kann zunächst das Rechtsmittel der Berufung eingelegt werden. Es findet dann vor dem Landgericht eine neue Hauptverhandlung mit Beweisaufnahme statt.

d) Praktische Auswirkungen des Instanzenzugs

Diese rechtliche Ausgestaltung des Instanzenzugs hat zur Folge, dass in der Praxis eine Hauptverhandlung vor dem Amtsgericht oftmals vom Gericht und insbesondere von der Verteidigung anders geführt wird, als vor einer

---

38 Zur Plausibilitätskontrolle der tatsächlichen Feststellungen durch das Revisionsgericht *Roxin/Schünemann*, § 55, Rn. 25 ff.

großen Strafkammer des Landgerichts. Die exakte Einhaltung der Verfahrensregeln hat am Amtsgericht eine eher untergeordnete Bedeutung, da als Rechtsmittel mit der Berufung letztlich noch eine weitere Tatsacheninstanz zur Verfügung steht. In der Praxis wird auch regelmäßig das Rechtsmittel der Berufung gewählt,[39] so dass Rechtsfehler des erstinstanzlichen Gerichts kaum ins Gewicht fallen. Anders stellt sich die Situation hingegen bei der Verhandlung einer großen Strafkammer des Landgerichts dar. Mangels zweiter Tatsacheninstanz kommt gerade der Beweisaufnahme eine oftmals die Sache endgültig entscheidende Bedeutung zu. In der Konsequenz wird die Hauptverhandlung vor einer großen Kammer des Landgerichts weitaus sorgfältiger und von den Verfahrensbeteiligten, insbesondere der Verteidigung, viel intensiver geführt als am Amtsgericht. Im Hinblick auf mögliche Rechtsfehler, die im Falle der Verurteilung einen Revisionsgrund schaffen können, der möglicherweise zur Aufhebung des Urteils führt, gewinnt hier das Verfahrensrecht wesentlich an Bedeutung. Das hat entsprechende Verteidigungskonzepte zur Folge, die sich in vermehrten Protokollanträgen, Vorhalten, Prozesserklärungen anlässlich von Zeugenvernehmungen etc. niederschlagen, was unten bei der Darstellung der Verteidigung näher erläutert wird.

3. Ausschließung und Ablehnung von Richtern

Die Richter des erkennenden Gerichts müssen der zu entscheidenden Rechtssache und den Beteiligten des Verfahrens mit der notwendigen Distanz eines Unbeteiligten und am Ausgang des Verfahrens uninteressiertem Dritten entgegentreten. Daher ist das Recht auf den gesetzlichen Richter (Art. 101 I 2 GG) nicht gegeben, wenn der Rechtsuchende vor einem Richter steht, der die erforderliche Unvoreingenommenheit vermissen lässt.[40] Bestehen konkrete Bedenken gegen die notwendige Unvoreingenommenheit bzw. Unparteilichkeit eines Richters, dann darf er keine Entscheidung treffen. Diesem Zweck dienen die Vorschriften zur Ausschließung und Ablehnung von Gerichtspersonen (§§ 22 ff. StPO). In § 22 StPO werden abschließend Fälle aufgelistet, in denen die Gefahr der Voreingenommenheit des Richters besteht. So beispielsweise, wenn er selbst durch die Straftat verletzt wurde oder aber sein Ehegatte der Beschuldigte ist. Liegt ein solcher Fall vor, so ist der Richter gesetzlich von der Mitwirkung am Verfahren ausgeschlossen und hat dies von Amts wegen zu beachten. Geschieht dies nicht, so kann ein entsprechender Antrag gestellt werden. Darüber hinaus

---

39 Von der sog. Sprungrevision (§ 335 StPO) wird selten Gebrauch gemacht.

40 BVerfGE 21, 139, 146.

besteht die Möglichkeit, einen Richter wegen Besorgnis der Befangenheit abzulehnen (§ 24 StPO). Hierüber wird auf Antrag der Staatsanwaltschaft, des Beschuldigten oder des Privatklägers in einem Ablehnungsverfahren (§§ 26 ff. StPO) entschieden. Dies ist die in der Praxis häufiger vorkommende Variante. Wird einem solchen Antrag stattgegeben, so hat dies regelmäßig zur Folge, dass das Verfahren unter neuer Besetzung des Gerichts von vorne beginnt. Wird der Antrag – was in der Praxis zumeist der Fall ist – abgelehnt, so kann sich daraus für die Verteidigung zumindest ein sog. absoluter Revisionsgrund ergeben (§ 338 Nr. 3 StPO), der bei Erfolg zur Aufhebung des Urteils führt. In diesem Fall wird die Sache vom Revisionsgericht an die Tatsacheninstanz zurückverwiesen und muss nunmehr erneut verhandelt werden. Das Stellen von Befangenheitsanträgen gegenüber dem Gericht gehört daher aus prozesstaktischen Gründen mittlerweile bei vielen Strafverfahren vor einer großen Strafkammer des Landgerichts zum Standardrepertoire der Strafverteidigung.

4. Aufgaben des Gerichts in der Hauptverhandlung

Die Leitung der Hauptverhandlung, die Vernehmung des Angeklagten und die Beweisaufnahme obliegen dem Vorsitzenden des Gericht (§ 238 StPO). Dieser hat den beisitzenden Richtern, den Schöffen sowie den Verfahrensbeteiligten bei der Vernehmung des Angeklagten, der Zeugen und Sachverständigen ein Fragerecht einzuräumen (§ 239 StPO) und kann dies unter später noch näher zu erläuternden Voraussetzungen auch entziehen (§ 241 I StPO) bzw. einzelne Fragen zurückweisen (§ 241 II StPO). Einige Anordnungen sind jedoch dem Gericht vorbehalten, wie beispielsweise die Entscheidung bei Zweifeln über die Zulässigkeit von Fragen (§ 242 StPO), die Auferlegung der Kosten sowie die zwangsweise Vorführung eines trotz ordnungsgemäßer Ladung ausgebliebenen Zeugen (§ 51 I StPO) oder das Verhängen von Ordnungsgeld bzw. -haft sowie Beugehaft gegenüber einem das Zeugnis oder den Eid verweigernden Zeugen (§ 70 I, II StPO).

a) Fürsorgepflicht

Neben diesen unter anderen im Gesetz genannten Pflichten hat das Gericht eine umfassende Fürsorgepflicht. Diese entspringt aus dem Grundsatz des fairen Strafverfahrens und betrifft insbesondere Fürsorge- und auch Hinweispflichten gegenüber dem rechtsunkundigen Angeklagten.[41] Aber auch

41 *Roxin/Schünemann,* § 44, Rn. 26.

dem Zeugen gilt die Fürsorgepflicht des Gerichts, beispielsweise beim Schutz der Persönlichkeit, worauf bei den Rechten und Pflichten des Zeugen noch näher eingegangen wird.

b) Sitzungspolizei

Darüber hinaus obliegt dem Vorsitzenden die Aufrechterhaltung der Ordnung in der Sitzung, die sog. Sitzungspolizei (§ 176 GVG). Die Ordnung in der Sitzung ist der Zustand, der dem Gericht und den Verfahrensbeteiligten eine störungsfreie Ausübung ihrer Funktion ermöglicht.[42] Der Vorsitzende kann hierbei gegenüber allen Anwesenden Ermahnungen und Rügen aussprechen sowie ungebührliches Verhalten untersagen. So etwa Beifalls- oder Missfallenskundgebungen der Zuhörer, wenn ein Zuhörer versucht, durch Zeichen auf den Angeklagten bzw. einen Zeugen einzuwirken oder der Verteidiger sich weigert, entgegen § 20 BORA in Robe aufzutreten.[43] Auch können Beschuldigte, Zeugen, Sachverständige, Nebenkläger, Privatkläger und Zuhörer, die den Anordnungen des Vorsitzenden nicht Folge leisten, aus dem Sitzungssaal entfernt werden (§ 177 GVG). Ebenso kann gegen diese Personengruppe wegen Ungebühr ein Ordnungsgeld oder Ordnungshaft festgesetzt werden (§ 178 GVG). Ungebühr bedeutet einen erheblichen Angriff auf den justizgemäßen Ablauf der Sitzung, auf den „Gerichtsfrieden“ und damit auf die Ehre und Würde des Gerichts.[44] Dies liegt beispielsweise vor, wenn der Angeklagte oder ein Zeuge in völlig unangemessener Kleidung oder im betrunkenen Zustand erscheint, der Angeklagte den Richter beleidigt oder ein Zuhörer trotz Verbots fotografiert.[45] Dabei obliegen die Anordnungen nach §§ 177, 178 GVG gegenüber den Zuhörern dem Vorsitzenden, während sonst das Gericht entscheidet. Zu beachten ist, dass diese Zwangsmaßnahmen gegen den Verteidiger stets unzulässig sind.[46]

---

42 LR-*Wickern,* 26. Aufl., § 176 GVG, Rn. 1.

43 *Schmitt,* in: Meyer-Goßner/Schmitt, § 176 GVG, Rn. 7 ff. m. w. N.

44 *Kissel/Mayer,* GVG, § 178, Rn. 6 m. w. N.

45 Nachweise und weitere Beispiele bei *Schmitt,* in: Meyer-Goßner/Schmitt, § 178 GVG, Rn. 3.

46 *Kissel/Mayer,* GVG, § 177, Rn. 14; zu Ausnahmen in Extremfällen LR-*Wickern,* 26. Aufl., § 177 GVG, Rn. 8.

II. Grundsätze der Hauptverhandlung

Das auf Ermittlungsverfahren und anschließendes Zwischenverfahren folgende Hauptverfahren besteht aus zwei Abschnitten, der Vorbereitung der Hauptverhandlung mit Terminansetzung, Ladungen, Herbeischaffen der Beweismittel etc. und der Hauptverhandlung selbst. Die Hauptverhandlung soll nach der gesetzlichen Konzeption den Höhepunkt des gesamten Strafprozesses bilden. In der Praxis hat jedoch zunehmend das Ermittlungsverfahren an Bedeutung gewonnen, da oftmals schon dort die Weichenstellung für das Hauptverfahren erfolgt oder aber die Sache sogar ohne Hauptverhandlung, beispielsweise durch Einstellung (§§ 153 ff. StPO) oder durch Strafbefehl (§ 407 ff. StPO) erledigt wird. Gleichwohl bleibt die Hauptverhandlung das Kernstück des Strafprozesses, da nur dort durch Urteil über die Schuld oder Unschuld des Angeklagten endgültig entschieden wird (§ 261 StPO).[47] Dies geschieht nach den schon dargestellten Regeln des Strengbeweises und den im Folgenden zu erörternden Grundsätzen der Mündlichkeit und Unmittelbarkeit. Letztere wirken sich auch auf die Tätigkeiten des Polizeibeamten als Ermittler und Zeuge vor Gericht aus.

1. Grundsatz der Mündlichkeit

Mündlichkeit besagt, dass grundsätzlich nur das mündlich in der Hauptverhandlung Vorgetragene dem Urteil zugrunde gelegt werden darf (vgl. §§ 261, 264 StPO). Das Gericht kennt zwar den gesamten Inhalt der Ermittlungsakte. Es kann aber bei der Entscheidungsfindung nicht den gesamten Akteninhalt, sondern nur das, was mündlich verhandelt wurde, berücksichtigen. Was nicht gesprochen wurde, gilt als nicht vorhanden bzw. geschehen. In der Folge müssen beispielsweise Zeugen in der Hauptverhandlung vernommen (§ 250 StPO) und Urkunden, die sich in der Akte befinden, verlesen werden (§ 249 I StPO).[48] Macht ein Zeuge in der Hauptverhandlung von seinem Zeugnisverweigerungsrecht (§§ 52 ff. StPO) Gebrauch, ist die Verlesung eines früheren Vernehmungsprotokolls verboten (§ 252 StPO). Das sich in der Akte befindliche Schriftstück über diese Vernehmung darf dann nicht zur Entscheidungsfindung des Gerichts herangezogen werden. Zu beachten ist auch, dass die Schöffen zumindest in der

47 Zur gesetzlichen Möglichkeit einer Verständigung siehe § 257c StPO.

48 Eine wichtige Ausnahme findet sich in § 249 II StPO.

Praxis regelmäßig keinen Zugang zu den Akten haben[49] und daher die Gründe für ihre Entscheidung allein aus der Hauptverhandlung gewinnen.

2. Grundsatz der Unmittelbarkeit

Der Grundsatz der Unmittelbarkeit bedeutet, dass das entscheidende Gericht die Beweisaufnahme selbst wahrnehmen muss und nicht etwa anderen Personen übertragen darf. Die Tatsachen müssen dabei aus der Quelle selbst geschöpft und nicht durch Beweissurrogate ersetzt werden, da der sachnähere Beweis regelmäßig der bessere ist.[50] Beruht der Beweis einer Tatsache auf der Wahrnehmung einer Person, so muss diese Person in der Hauptverhandlung vernommen werden (§ 250 StPO). Ein möglicherweise in den Akten vorhandenes Protokoll über eine frühere Vernehmung darf nicht als Ersatz für die Vernehmung dieser Person vor Gericht als Urkundenbeweis verlesen werden. Das Gericht soll sich einen unmittelbaren Eindruck von der Aussage einer Person machen und dabei auch die Möglichkeit der Rückfrage haben.[51] Der Unmittelbarkeitsgrundsatz wird daher auch als Prinzip vom Vorrang des Personalbeweises vor dem Urkundenbeweis bezeichnet.[52] Dies verbietet jedoch nicht die lediglich den Personalbeweis ergänzende Verlesung der Urkunde, beispielsweise des früheren Vernehmungsprotokolls als Vorhalt gegenüber der vor Gericht Auskunft gebenden Person.[53]

Merke:

Das Gesetz erlaubt in Ausnahmefällen, den Personalbeweis durch den Urkundenbeweis zu ersetzen (vgl. §§ 251 ff. StPO). So können Erklärungen des Angeklagten in einem richterlichen Protokoll während des Ermittlungsverfahrens als Urkundenbeweis in der Hauptverhandlung verlesen werden (§ 254 I StPO), nicht jedoch das polizeiliche oder staatsanwaltschaftliche Protokoll einer Beschuldigtenvernehmung.

Hieraus ergibt sich bei einem erst vor Gericht schweigenden Angeklagten die Notwendigkeit, den Polizeibeamten, der die polizeiliche Beschuldigtenvernehmung durchgeführt hat, als Zeuge vom Hörensagen vor Gericht zu vernehmen, worauf unten bei der Erörterung der Zeugenrolle des Polizeibeamten[54] näher eingegangen wird.

49 Zum umstrittenen Akteneinsichtsrecht der Schöffen *Schmitt*, in: Meyer-Goßner/Schmitt, § 30 GVG, Rn. 2 und *Kühne*, Rn. 116 jeweils m. w. N.

50 Vgl. BVerfGE 57, 250, 277 f.

51 *Kramer*, Rn. 158.

52 BGHSt 15, 253, 254.

53 BGHSt 1, 337, 339; 21, 285, 286.

54 Siehe 3. Kapitel I. 2.

III. Ablauf der Hauptverhandlung

Der Gang der Hauptverhandlung bis zum Beginn der Beweisaufnahme ist in § 243 StPO geregelt. Die Hauptverhandlung ist in der Regel öffentlich (§ 169 GVG) und beginnt mit dem Aufruf der Sache. Sodann stellt der Vorsitzende fest, ob der Angeklagte und ggf. sein Verteidiger sowie mögliche weitere Verfahrensbeteiligte (z. B. Nebenkläger) anwesend und die Beweismittel herbeigeschafft sind. Hierzu ruft er die geladenen Zeugen und Sachverständigen auf. Danach müssen diese den Sitzungssaal wieder verlassen, werden jedoch in der Praxis oftmals vorher noch gemeinsam belehrt (§ 57 StPO). Nunmehr wird der Angeklagte vom Vorsitzenden über seine persönlichen Verhältnisse vernommen. Anschließend verliest der Staatsanwalt den Anklagesatz. Dann belehrt der Vorsitzende den Angeklagten über sein Aussageverweigerungsrecht und vernimmt ihn zur Sache. Im Anschluss folgt die Beweisaufnahme (§§ 244 ff. StPO). Hierbei haben der Angeklagte, sein Verteidiger, der Staatsanwalt und mögliche weitere Verfahrensbeteiligte (z. B. Nebenkläger bzw. dessen Vertreter) nicht nur das bereits erwähnte und später noch näher zu beleuchtende Fragerecht, sondern können nach jeder Beweiserhebung – ebenso wie Verteidiger und Staatsanwalt nach der Vernehmung des Angeklagten – auch Erklärungen abgeben (§ 257). Nach Abschluss der Beweisaufnahme werden die Schlussvorträge, die sog. Plädoyers, gehalten (§ 258 StPO). Dabei plädiert zuerst der Staatsanwalt, dann der mögliche Nebenkläger bzw. sein Vertreter und abschließend der Verteidiger. Das letzte Wort hat stets der Angeklagte. Sodann folgt die geheime Beratung und Abstimmung über das Urteil (§§ 192 ff. GVG; 263 StPO). Der Vorsitzende verkündet das Urteil (§ 260 I StPO) durch Verlesung der Urteilsformel und mündlicher Urteilsbegründung (§ 268 StPO). Die Hauptverhandlung schließt mit der Rechtsmittelbelehrung (§ 35a StPO).

IV. Die Verfahrensbeteiligten

Verfahrensbeteiligter ist, wer durch eigene Willenserklärungen gestaltend als Prozesssubjekt am Verfahren mitwirkt.[55] Nicht zu den Verfahrensbeteiligten zählen daher Zeugen und Sachverständige. Auch das Gericht ist, wie bereits erklärt, nicht Verfahrensbeteiligter in diesem Sinne. Zu den hier interessierenden Verfahrensbeteiligten zählen die Staatsanwaltschaft, der Angeklagte und sein Verteidiger sowie der Nebenkläger, da der Polizeibeamte

55 BGH, NStZ-RR 2017, 316.

vor Gericht als Zeuge von diesen Beteiligten vernommen bzw. befragt wird. Die meisten Konflikte treten dabei zwischen dem polizeilichen Zeugen und dem Strafverteidiger auf. Diesem Themenkomplex ist ein eigenes Kapitel gewidmet,[56] so dass hier zunächst nur die anderen genannten Verfahrensbeteiligten dargestellt werden.

1. Die Staatsanwaltschaft

In der Hauptverhandlung tritt mindestens ein Amtsanwalt oder Staatsanwalt als Sitzungsvertreter der Staatsanwaltschaft auf (§§ 226 I, 227 StPO). Bei einer Hauptverhandlungen wegen Ordnungswidrigkeiten ist in der Regel kein Amts- oder Staatsanwalt anwesend, da eine Verpflichtung zur Teilnahme der Staatsanwaltschaft nicht besteht (§ 75 I OWiG). Den Amtsanwälten werden nur Strafsachen übertragen, in denen der Strafrichter zuständig ist, d. h. ein Privatklagedelikt verfolgt wird oder aber keine höhere Strafe als zwei Jahre zu erwarten ist (§ 25 GVG). Die Wahrnehmung der Aufgaben eines Amtsanwalts kann auch auf einen Rechtsreferendar übertragen werden (§ 142 III GVG). Treten mehrere Staatsanwälte als Sitzungsvertreter auf, so stehen sie dem Gericht als Einheit, nämlich als *die Staatsanwaltschaft*, gegenüber. Als selbständiges Organ der Rechtspflege[57] vertritt der Staatsanwalt in der Hauptverhandlung die Anklage und übt dabei durch Fragen, Anträge und Erklärungen eine Kontrolle der Justizförmigkeit des gerichtlichen Verfahrens, d. h. der richtigen Handhabung der Prozessordnung, aus. Insbesondere zu nennen sind sein Fragerecht gegenüber Zeugen und Sachverständigen (§ 240 II StPO), das Recht zur Beanstandung von Anordnungen des Vorsitzenden (§ 238 II StPO) und von Fragen, das Beweisantragsrecht (§ 244 III–VI StPO) sowie das Recht zur Rechtsmitteleinlegung (§ 296 StPO). Hierbei ist der Staatsanwalt nicht einseitig Partei, sondern zur Objektivität verpflichtet und muss die Beweislage auch in der Hauptverhandlung unvoreingenommen würdigen.[58] Er hat sowohl die den Angeklagten belastenden als auch die entlastenden Tatsachen zu berücksichtigen. Keinesfalls ist er an die Vorgaben der Anklageschrift gebunden, so dass er beispielsweise auch in seinem Plädoyer (§ 258 I StPO) einen Freispruch beantragen oder Rechtsmittel zugunsten des Angeklagten einlegen kann (§ 296 II StPO).

---

56 Hierzu unten 5. Kapitel.

57 BGHSt 24, 170, 171. Zur umstrittenen Rechtsstellung der Staatsanwaltschaft *Kramer*, Rn. 97; *Roxin/Schüneman*, § 9, Rn. 10.

58 *Schmitt*, in: Meyer-Goßner/Schmitt, § 160, Rn. 14.

Dabei ist der Sitzungsvertreter jedoch selten der Sachbearbeiter, d. h. der Anklageverfasser. Insbesondere in Verfahren der Alltagskriminalität kennt der Sitzungsvertreter zumeist den Akteninhalt nicht und kann daher – anders als das Gericht – darauf auch nicht Bezug nehmen, etwa durch Vorhaltungen aus früheren polizeilichen Vernehmungen des Angeklagten oder Zeugen. Für die Sitzungsvertretung erhält er lediglich eine sog. Handakte, da die Akte selbst sich beim Gericht befindet. Die Handakte enthält die Anklageschrift, einen Zentralkarteiausdruck, der Auskunft über die gegen den Angeklagten bei dieser Staatsanwaltschaft geführten Verfahren gibt, sowie einen Bundeszentralregisterauszug. In größeren Verfahren ist jedoch oftmals der Sachbearbeiter auch der Sitzungsvertreter und kennt insoweit den Akteninhalt. Auch wird bei solchen Verfahren zumeist ein sog. Aktendoppel geführt, so dass der Sitzungsvertreter auch dann, wenn er nicht der Sachbearbeiter ist, Kenntnis vom Akteninhalt nehmen kann. Prozesspsychologische Erkenntnisse zeigen jedoch, dass die Kenntnis des zuvor gelesenen Akteninhalts negative Auswirkungen auf die Objektivität des Sitzungsvertreters haben kann. So werden oftmals die in der Hauptverhandlung auftretenden Bestätigungen der Anklage systematisch überschätzt und dagegensprechende neue Erkenntnisse systematisch unterschätzt.[59] Insoweit scheint der nur die Handakte kennende Sitzungsvertreter bessere Voraussetzungen für eine möglichst objektive Beurteilung der Beweisaufnahme der Hauptverhandlung zu haben. Gleichwohl ist es aus Praktikabilitätserwägungen heraus oftmals notwendig, bei größeren Verfahren den Sachbearbeiter als Sitzungsvertreter der Staatsanwaltschaft einzusetzen.

2. Der Beschuldigte als Angeklagter

Der Beschuldigte hat als Prozesssubjekt eine Fülle von selbständigen Verfahrensrechten, um auf den Gang und das Ergebnis des Strafprozesses Einfluss nehmen zu können. Dabei gelten die Verfahrensrechte des Angeklagten teilweise bereits im Ermittlungsverfahren. Hierzu zählen insbesondere das Aussageverweigerungsrecht, das Recht auf einen Verteidiger verbunden mit dem Antragsrecht auf eine Pflichtverteidigerbestellung und das Beweisantragsrecht, über die bekanntlich schon die Polizei vor der Beschuldigtenvernehmung belehren muss (§ 163a IV 2 i. V. m. § 136 I 2–5 StPO). Auch hat der Beschuldigte, der sich selbst verteidigt, einen Informationsanspruch. Ihm steht ein Akteneinsichtsrecht zu, soweit der Untersuchungszweck, auch in Bezug auf andere Strafverfahren, nicht gefährdet wird und nicht

59 *Roxin/Schünemann*, § 1, Rn. 16 m. w. N.

überwiegende schutzwürdige Interessen Dritter entgegenstehen (§ 147 IV 1 StPO). Gegenüber der früheren Rechtslage, hat der unverteidigte Beschuldigte damit einen umfassenden Anspruch auf Akteneinsicht. Hierbei können dem Beschuldigte anstelle der Einsichtnahme auch Kopien der Akte zur Verfügung gestellt werden (§ 147 IV 2 StPO). Darüber hinaus hat der Beschuldigte als Angeklagter[60] in der Hauptverhandlung neben seinem Verteidiger ein eigenes Fragerecht gegenüber Zeugen und Sachverständigen (§ 240 I StPO), ein Recht zur Beanstandung von Anordnungen des Vorsitzenden (§ 238 II StPO) und von Fragen sowie ein Beweisantragsrecht (§ 244 III–VI StPO). Ebenso hat er das Recht auf Rechtsmitteleinlegung (§ 296 I StPO). Weiterhin ist er berechtigt, einen Ablehnungsantrag gegen das Gericht wegen Besorgnis der Befangenheit zu stellen (§ 24 III 1 StPO), wobei Befangenheitsanträge in der Praxis regelmäßig der Verteidiger für den Beschuldigten stellt.

a) Rechtliches Gehör

Das wichtigste Verfahrensrecht des Angeklagten ist der Anspruch auf rechtliches Gehör vor Gericht (Art. 103 I GG). Das Gericht darf bei seiner Entscheidung nur die Tatsachen und Beweisergebnisse berücksichtigen, zu denen dem Betroffenen Gelegenheit gegeben wurde, Stellung zu nehmen.[61] Hierzu können Anträge gestellt oder Ausführungen zur Sach- und Rechtslage gemacht werden, die das Gericht zur Kenntnis nehmen und in Erwägung ziehen muss.[62] Über Art. 103 I GG hinaus wird dem Beschuldigten bereits im Ermittlungsverfahren das rechtliche Gehör eingeräumt. So muss die Staatsanwaltschaft ihm spätestens vor Abschluss der Ermittlungen Gelegenheit zur Stellungnahme geben (§ 163a I StPO).

b) Anwesenheit

Der Angeklagte muss und darf während der Hauptverhandlung anwesend sein (§§ 230 I, 231 StPO). Ist er „ausgeblieben“, d. h. trotz ordnungsgemäßer Ladung nicht erschienen, so wird er vorgeführt. Ist er hingegen abwesend, d. h. sein Aufenthaltsort ist unbekannt oder er hält sich im Ausland auf und seine Gestellung vor das zuständige Gericht ist nicht möglich (§ 276 StPO), so darf keine Hauptverhandlung stattfinden, sondern allenfalls ein Beweissicherungsverfahren durchgeführt werden (§ 285 StPO). Von dieser Anwe-

60 Zur Begriffsbestimmung siehe § 157 StPO.

61 BVerfGE 6, 12; 7, 278.

62 BVerfGE 64, 135, 144; 65, 306, 307.

senheitspflicht können in einigen Fällen Ausnahmen gemacht werden (§§ 231 II ff. StPO). Auch kann dem Angeklagten vorübergehend während einer Vernehmung auf Anordnung des Gerichts die Anwesenheit untersagt werden (§ 247 StPO). Beispielsweise muss der Angeklagte sich auf Anordnung des Gerichts aus dem Sitzungssaal entfernen, wenn durch seine Anwesenheit die konkrete Gefahr besteht, dass der Zeuge nicht die Wahrheit sagen wird oder bei der Vernehmung eines Kindes die konkrete Befürchtung eines erheblichen Nachteils für das körperliche und seelische Wohl des Zeugen besteht.[63]

c) Dolmetscher

Weiterhin haben Angeklagte, die der deutschen Sprache nicht mächtig sind, für das gesamte Verfahren und damit auch schon für die Vorbereitung der Hauptverhandlung Anspruch auf die unentgeltliche Zuziehung eines Dolmetschers (Art. 6 III a, e EMRK; §§ 185 I 1, 187 I GVG).[64] Die Tatsache, dass der Angeklagte Ausländer ist, begründet nicht automatisch die Notwendigkeit eines Dolmetschers. Entscheidend ist, ob der Angeklagte die Gerichtssprache Deutsch (§ 184 GVG) beherrscht oder nicht.

d) Plädoyer und letztes Wort

Dem Angeklagten steht immer das letzte Wort in der Hauptverhandlung zu (§ 258 II StPO). Hat der Angeklagte keinen Verteidiger, so darf er nach dem Plädoyer des Staatsanwalts auch selbst plädieren. Plädiert für den Angeklagten ein Verteidiger, so hat der Vorsitzende danach den Angeklagten stets zu fragen, ob er selbst noch etwas dem Plädoyer seines Verteidigers hinzufügen möchte (§ 258 III StPO). Dadurch soll der Angeklagte die Möglichkeit erhalten, sich abschließend zum gesamten Prozessstoff äußern zu können und dem Gericht vor der Beratung einen möglichst frischen Eindruck seiner Person und Sichtweise des Geschehens zu geben.[65]

3. Der Verletzte als Nebenkläger

Wer durch eine der in § 395 I StPO genannten Straftaten verletzt worden ist, kann sich als Nebenkläger der öffentlichen Klage anschließen, um so seine Interessen an dem Strafverfahren wahrzunehmen. Der Nebenkläger tritt in-

63 *Schmitt*, in: Meyer-Goßner/Schmitt, § 247, Rn. 11.

64 BGHSt 46, 178, 183.

65 *Roxin/Schünemann*, § 44, Rn. 5.

soweit neben die Staatsanwaltschaft, um diese zu kontrollieren und durch eine Bestrafung des Angeklagten persönliche Genugtuung für das erlittene Unrecht zu erhalten.[66] Ist das Opfer verstorben, so steht dieses Recht den Kindern, Eltern, Geschwistern, Ehegatten oder Lebenspartnern zu (§ 395 II StPO). Sind Kinder Nebenkläger, übt der gesetzliche Vertreter die Nebenklagerechte aus.[67] Bei bestimmten schweren Straftaten wie versuchtem Totschlag oder Mord, bei Straftaten, die zu schweren körperlichen oder seelischen Schäden geführt haben, und bei Straftaten an jugendlichen Opfern hat der Nebenkläger einen Anspruch auf einen Opferanwalt, dessen Kosten von der Staatskasse übernommen werden (§ 397a StPO). In anderen Fällen besteht die Möglichkeit auf Gewährung von Prozesskostenhilfe nach §§ 114 ff. ZPO (§ 397a II StPO).

Die Rechte des Nebenklägers finden sich in § 397 StPO. In der Hauptverhandlung hat er – auch wenn er als Zeuge vernommen werden soll – ein Anwesenheitsrecht, aber keine Anwesenheitspflicht. Er kann sich in der Hauptverhandlung durch einen Rechtsanwalt (§ 397 II StPO) oder einen Rechtslehrer einer deutschen Hochschule im Sinne des Hochschulrahmengesetzes mit Befähigung zum Richteramt (§ 138 I, III StPO) vertreten lassen, was regelmäßige Praxis ist. Wie die anderen Verfahrensbeteiligten hat er ein Fragerecht, das Recht zur Beanstandung von Anordnungen des Vorsitzenden und von Fragen, ein Beweisantragsrecht und das Recht zur Abgabe von Erklärungen. Da er neben die Staatsanwaltschaft tritt, ist er auch im selben Umfang zuzuziehen und zu hören. Im beschränkten Umfang hat der Nebenkläger unabhängig von der Staatsanwaltschaft auch das Recht zur Rechtsmitteleinlegung (§§ 400, 401 StPO). Weiterhin hat der Nebenkläger als Verletzter über seinen Rechtsanwalt ein Akteneinsichtsrecht (§ 406e StPO). Oftmals muss er als Hauptbelastungszeuge aussagen.

Merke:

Durch die Akteneinsicht besteht für den Nebenkläger insoweit die anderen Zeugen verwehrte Möglichkeit, sich gezielt auf seine Aussage vor Gericht vorzubereiten. Auch ist der Nebenkläger als Opfer der Straftat bei seiner Zeugenaussage möglicherweise von Rachegefühlen oder ähnlichen Beweggründen motiviert.[68] Hier zeigt sich die problematische Verbindung von Partei- und Zeugenrolle in der Person des Nebenklägers,[69] die in anderem Gewand auch bei dem Polizeibeamten als Zeugen noch zu erörtern sein wird.

---

66 BGHSt 28, 272, 273.

67 *Schmitt*, in: Meyer-Goßner/Schmitt, Vor § 395, Rn. 7.

68 Zur Aussagemotivation siehe 3. Kapitel III. 3. b).

69 Ausführlich *Schünemann*, NStZ 1986, 193, 199.

3. Kapitel
Der Polizeibeamte als Zeuge vor Gericht

Der Polizeibeamte ist als Zeuge im Strafverfahren kein Verfahrensbeteiligter, sondern ein persönliches Beweismittel. Er gibt dem Gericht Auskunft über die Wahrnehmung von Tatsachen. Gericht und Verfahrensbeteiligte erwarten vom Polizeibeamten, dass er aufgrund seiner Ausbildung und Erfahrung ein professionelles Zeugenverhalten zeigt und eine stets objektive, vorurteilsfreie und sachliche Aussage tätigt. Auch ist er in der Regel Belastungszeuge. Seiner Aussage wird daher oftmals eine wichtige Bedeutung für den Ausgang des Verfahrens beigemessen.[70] Insoweit werden das Gericht und die Verfahrensbeteiligten die Vernehmung des Polizeibeamten regelmäßig äußerst sorgfältig und kritisch durchführen. Um diesen hohen Anforderungen gerecht werden zu können, ist es für den Polizeibeamten zunächst wichtig, seine unterschiedlichen Zeugenrollen sowie seine Zeugenpflichten und -rechte zu kennen. Darüber hinaus sind auch Grundkenntnisse zum Beweiswert und zur Glaubwürdigkeit von Zeugenaussagen hilfreich.

I. Zeugenrollen des Polizeibeamten

Regelmäßig kommen zwei Konstellationen vor, in denen der Polizeibeamte als Zeuge vor Gericht vernommen wird. Entweder der Polizeibeamte hat die Tat selbst beobachtet oder aber er hat die Ermittlungen durchgeführt. Beide Konstellationen beinhalten aufgrund des Rollenwechsels des Polizeibeamten vom Ermittler zum Zeugen Probleme.

1. Der Polizeibeamte als Tatzeuge

Hat der Polizeibeamte das strafrechtlich relevante Verhalten des Beschuldigten selbst beobachtet, so wird er hierzu als unmittelbarer Tatzeuge vernommen. Dabei soll er Tatsachen, die er gesehen und/oder gehört hat, wiedergeben. Insoweit besteht grundsätzlich kein Unterschied zu anderen Zeugen, die eine Straftat beobachtet haben. Aufgrund seiner Ausbildung und Berufserfahrung wird der Polizeibeamte allerdings bemüht sein, seine Aufmerksamkeit auf solche Dinge zu richten, die einem Laien in vergleichbarer Situation möglicherweise nicht auffallen würden. So wird er bei einem be-

70 So beispielsweise auch *Artkämper/Jakobs*, Rn. 12; *Wendler/Hoffmann*, Rn. 104.

obachteten Verkehrsverstoß auf das Kennzeichen achten. Da ihm bewusst ist, dass er später über das Beobachtete berichten muss, prägt er sich die entscheidenden Vorgänge ein und macht sich gegebenenfalls Notizen. Andererseits sind viele Beobachtungen Routinegegebenheiten, an die sich der Polizeibeamte nach längerer Zeit kaum erinnern kann. Hierzu zählen insbesondere Verfahren der Massenkriminalität, wie straf- und bußgeldbewehrte Verkehrsdelikte, Diebstähle, Sachbeschädigungen und einfache Körperverletzungen. Auch wird der Polizeibeamte durch Tätigkeiten der Gefahrenabwehr möglicherweise von notwendigen Aufgaben der Strafverfolgung abgehalten.[71] Leistet er beispielsweise zunächst Hilfe für die Opfer einer Straftat, kann er möglicherweise Tatortspuren nicht schnell genug sichern oder Personalien von Augenzeugen nicht aufnehmen.

Tipp:

Der Polizeibeamte muss als Zeuge in der Hauptverhandlung die daraus resultierenden Sachverhaltslücken einräumen und nicht versuchen, sie durch Schlussfolgerungen, die auf seiner beruflichen Erfahrung beruhen, zu schließen.[72] Hierdurch könnte er sich bereits der Gefahr einer Falschaussage (§ 153 I StGB) aussetzen.

a) Tatzeuge bei Widerstandshandlungen

Im Bereich von Widerstandshandlungen, die typischerweise Delikte wie Widerstand gegen oder tätlicher Angriff auf Vollstreckungsbeamte (§§ 113, 114 StGB), aber auch Beleidigung (§ 185 StGB) oder (gef.) Körperverletzung (§§ 223, 224 StGB) beinhalten, müssen Polizeibeamte als Augenzeugen der Widerstandhandlungen des Angeklagten vor Gericht aussagen. Ist der angegriffene Polizeibeamte durch die Widerstandshandlung verletzt worden, so sagt er als sog. Opferzeuge aus. Die Besonderheit liegt darin, dass der von der Widerstandshandlung betroffene Zeuge regelmäßig ein persönliches Interesse am Ausgang des Verfahrens haben wird. Insoweit besteht die Gefahr sowohl für den verletzten Polizeibeamten selbst als auch für Kollegen, die Augenzeugen der Tat waren, die notwendige professionelle Distanz zu verlieren.[73] Möglicherweise stellt auch der Angeklagte Strafanzeige wegen Körperverletzung im Amt (§ 340 I StGB) gegen den Polizeibeamten. Oftmals wird dann das Verfahren gegen den Polizeibeamten bis zur Entscheidung des Widerstandsverfahrens ausgesetzt oder aber von der Einleitung eines Ermittlungsverfahrens

71 Hierzu *Krüger*, Kriminalistik 1978, 290 f.

72 So auch *Kube*, DRiZ 1979, 38, 39, der von möglichen „konfabulatorischen Aussagen" spricht.

73 Hierzu *Starkgraff*, in: Schriftenreihe der Strafverteidigervereinigung 2016, 235, 241.

gegen den Polizeibeamten zunächst Abstand genommen. In jedem Fall hat der Polizeibeamte bei seiner Zeugenaussage im Widerstandsverfahren ein Auskunftsverweigerungsrecht (§ 55 I StPO), sofern er Gefahr läuft, sich mit seinen Angaben selbst zu belasten.[74] Erfolgt schließlich eine Anklage des Polizeibeamten wegen Körperverletzung im Amt, werden regelmäßig die Kollegen des beschuldigten Polizeibeamten als Zeugen vernommen.

Tipp:

In diesen Fällen sollte der polizeiliche Zeuge jeglichen Eindruck einer Parteinahme für den angeklagten Kollegen vermeiden und den Sachverhalt vollumfänglich so wiedergeben, wie er beobachtet worden ist. Erinnerungslücken müssen eingeräumt und Fragen der Verfahrensbeteiligten darf nicht ausgewichen werden. Auch sollte der polizeiliche Zeuge vermeiden, vor seiner Vernehmung noch einmal die Akten einzusehen und dies dem Gericht zu Beginn seiner Aussage auch mitteilen.[75] Dies erhöht den Beweiswert der Zeugenaussage.

b) Sachverständiger Zeuge

Als Tatzeuge ist der Polizeibeamte manchmal auch sachverständiger Zeuge (§ 85 StPO), da er eine berufsspezifische Sachkunde innehat. Dadurch kann er oftmals besonders genaue Wahrnehmungen zu einem Tatgeschehen machen. So beispielsweise, wenn er aufgrund seiner Ausbildung an Schusswaffen die vom Täter zur Drohung benutzte Tatwaffe genau spezifizieren kann, was einem Waffenunkundigen nicht möglich wäre. Zu beachten ist aber, dass der Polizeibeamte dadurch keineswegs zu einem Sachverständigen wird und daher auch keine Schlussfolgerungen oder allgemeinen Erfahrungssätze mitteilen darf.[76] Dies ist in der Praxis problematisch, da der Polizeibeamte regelmäßig – und oftmals unbewusst – seine Wahrnehmungen mit seinem durch Ausbildung und Berufserfahrung erworbenem Wissen verbinden wird.[77] Mag dies aus kriminalistischer Sicht sinnvoll sein, so erschwert es die für seine Zeugenrolle notwendige Trennung zwischen Wahrnehmung und Schlussfolgerung. Seine Aussage muss sich aber auf die mit Sachkunde getätigten Wahrnehmungen beschränken. Für den sachverständige Zeugen gelten die allgemeinen Vorschriften über den Zeugenbeweis (§ 85 StPO) und damit die Rechte und Pflichten, die alle Zeugen treffen.

---

74 Hierzu 3. Kapitel II. 2. b).

75 *Esders*, DPolBl. 2011, 5, 11.

76 *Kramer*, Rn. 121.

77 Ausführlich *Kube*, DRiZ 1979, 38, 39.

Exkurs: Polizeibeamte als Sachverständige

Ein Sachverständiger ist hingegen neben dem Zeugen ein weiteres Beweismittel, für den die §§ 73 ff. StPO zu beachten sind. Er wird vom Gericht bestellt, um über Tatsachen und allgemeine Erfahrungssätze, die nur aufgrund seiner besonderen Sachkunde wahrgenommen werden können, Auskunft zu geben[78] und zieht nach wissenschaftlichen oder sachkundigen Regeln Schlussfolgerungen. Der Sachverständige hat insoweit auf einem bestimmten Wissensgebiet besondere, aber nicht unbedingt wissenschaftliche Sachkunde, die in der Regel dem Richter fehlt. Polizeibeamte werden beispielsweise auf dem Gebiet der kriminaltechnischen Untersuchungen als Sachverständige für Staatsanwaltschaft und Gericht regelmäßig tätig.[79] Grundsätzlich wird der Sachverständige beauftragt, ein schriftliches Gutachten zu erstatten, das aber nur einen vorbereitenden Charakter hat. Der Sachverständige muss dann in der Hauptverhandlung aussagen.[80] Hiervon zu unterscheiden ist die Erstellung eines schriftlichen Gutachtens durch den Sachverständigen, das in der Hauptverhandlung gem. § 256 StPO als Urkundenbeweis verlesen werden darf. Hierzu gehört beispielsweise ein Gutachten über die Bestimmung der Blutgruppe oder des Blutalkoholgehalts einschließlich der Rückrechnung (§ 256 I Nr. 4 StPO)

c) Zeugenaussage durch dienstliche Äußerungen

Polizeibeamten werden im Ermittlungsverfahren manchmal aufgefordert, sog. dienstliche Äußerungen gegenüber der Polizei oder Staatsanwaltschaft in schriftlicher Form abzugeben. Diese beziehen sich beispielsweise auf mögliche Wahrnehmungen, die ein Polizeibeamter beim Eintreffen am Tat- oder Unfallort gemacht hat und die für das weitere Verfahren von Interesse sind. Sie ergänzen insoweit die Aussagen von anderen Zeugen oder tragen zur Aufklärung noch offener Sachverhaltsfragen bei. Darüber hinaus kann der Anlass aber auch darin begründet liegen, dass der Beschuldigte einer Widerstandshandlung eine die Polizeibeamten belastende Darstellung des Geschehens abgegeben hat und nunmehr die betroffenen Polizeibeamten zu einer dienstlichen Äußerung aufgefordert werden.[81] Grundsätzlich sind dienstliche Äußerungen als schriftliche Erklärungen eines Zeugen zu werten,[82] da zumindest im Ermittlungsverfahren für einen Zeugen die Möglich-

78 *Schmitt*, in: Meyer-Goßner/Schmitt, Vor § 72, Rn. 1.

79 Zu Polizeibeamten als Sachverständigen *Artkämper/Jakobs*, Rn. 502 ff.

80 *Kramer*, Rn. 146a.

81 Hierzu ausführlich *Schünemann*, DRiZ 1979, 101 ff.

82 Vgl. *Schmitt*, in: Meyer-Goßner/Schmitt, § 69, Rn. 4.

keit einer schriftlichen Aussage besteht (vgl. RiStBV Nr. 67 I). Somit hat der betroffene Polizeibeamte die unten genannten Rechte eines Zeugen.[83] Soll er sich zu einem vom Beschuldigten gegen ihn erhobenen Vorwurf (z. B. § 340 I StGB) äußern, kann er – wie bereits dargelegt – von seinem Auskunftsverweigerungsrecht (§ 55 I StPO) Gebrauch machen, falls er ansonsten Gefahr läuft, sich durch die dienstliche Äußerung selbst zu belasten. Besteht durch die Angaben des Beschuldigten der Widerstandshandlung bereits ein Anfangsverdacht gegen den Polizeibeamten, muss er zum Beschuldigten „gemacht" werden und hat dann die Rechte aus § 136 I 2–6 StPO.[84] In diesem Fall kann er die dienstliche Äußerung verweigern. Diese Zeugen- und Beschuldigtenrechte gehen dabei möglichen dienstrechtlichen Pflichten zur Abgabe einer solchen Äußerung stets vor. Da es sich bei der dienstlichen Äußerung nur um eine schriftliche Aussage im Ermittlungsverfahren handelt, muss der Polizeibeamte vor Gericht als Zeuge hierüber aussagen, sofern das Gericht diese Äußerung für seine Entscheidung verwerten will. Diesbezüglich gelten die unten noch zu erörternden Grundsätze zur Vernehmung des Zeugen mit den Möglichkeiten des Gerichts zum Vorhalt und zur Verlesung.[85]

2. Der Polizeibeamte als Zeuge der eigenen Ermittlungen

Hat der Polizeibeamte die Ermittlungen als Sachbearbeiter geführt, so kann er auch hierüber als Zeuge vernommen werden. Dabei soll er beispielsweise zum Verlauf des Ermittlungsverfahrens, zum Ermittlungsweg, zum Tatnachweis, zum Einhalten von Förmlichkeiten oder zum Aussageverhalten des Beschuldigten oder von Zeugen befragt werden.

a) Zeuge der polizeilichen Beschuldigtenvernehmung

Die wohl häufigste Zeugenrolle des Polizeibeamten ist dabei die Aussage über eine im Ermittlungsverfahren durchgeführte und protokollierte Beschuldigtenvernehmung. Schweigt der Beschuldigte in der Hauptverhandlung, hat jedoch zuvor im Ermittlungsverfahren gegenüber der Polizei eine protokollierte Aussage getätigt, so kann diese zum Zweck der Beweisaufnahme über ihren Inhalt vor Gericht aufgrund des bereits erläuterten Unmittelbarkeitsgrundsatzes (§ 250 StPO) und des sich aus § 254 I StPO für nichtrichterliche Vernehmungsprotokolle ergebenden Verwertungsverbots

83 Siehe 3. Kapitel II. 2.

84 Hierzu ausführlich 6. Kapitel I. 3. a).

85 4. Kapitel III. 2.

nicht als Urkundenbeweis verlesen werden.[86] Jedoch darf der vernehmende Polizeibeamte über die Aussage des Beschuldigten im Ermittlungsverfahren nunmehr vor Gericht vernommen werden.[87] In diesen Fällen ist der Polizeibeamte als sog. Zeuge vom Hörensagen mittelbarer Zeuge über das, was der Beschuldigten in seiner polizeilichen Vernehmung bekundet hat. Er soll das mit eigenen Worten wiedergeben, was der Beschuldigte ihm gegenüber in der Vernehmung gesagt hat. Damit erbringt er nur unmittelbar Beweis für das Hörensagen als solches.[88]

Merke:

Beweismittel ist insoweit die Zeugenaussage des Polizeibeamten und nicht die im Ermittlungsverfahren protokollierte Aussage des Beschuldigten. Kann der Polizeibeamte sich vor Gericht nicht mehr an den Aussageinhalt erinnern, darf das in der dem Gericht vorliegenden Akte enthaltene Protokoll der Beschuldigtenvernehmung wegen der bereits erörterten Grundsätze zur Mündlichkeit und Unmittelbarkeit[89] für die Urteilsfindung nicht berücksichtigt werden.

b) Zeuge der polizeilichen Zeugenvernehmung

Eine Zeugenaussage des Polizeibeamten über den im Ermittlungsverfahren vernommenen Zeugen kommt nur in bestimmten Konstellationen in Betracht. Grundsätzlich erfordert der Unmittelbarkeitsgrundsatz (§ 250 StPO) die Vernehmung des Zeugen vor Gericht. Nur in bestimmten Ausnahmefällen (vgl. § 251 StPO), z.B. wenn der Zeuge verstorben ist, darf anstelle der Zeugenaussage ein früheres Vernehmungsprotokoll verlesen werden (§ 251 I Nr. 2 StPO). Macht ein Zeuge vor Gericht von seinem Zeugnisverweigerungsrecht (§§ 52 ff. StPO) Gebrauch, darf gemäß § 252 StPO weder eine frühere Aussage verlesen noch durch die Vernehmung der polizeilichen Verhörperson in die Hauptverhandlung eingeführt werden.[90] Der Polizeibeamte darf dann auch nicht über die Eindrücke bei der von ihm durchgeführten polizeilichen Vernehmung vom Gericht befragt werden.[91] Lediglich wenn ein Richter die frühere Zeugenvernehmung durchgeführt hat, darf dieser hierüber vom Gericht angehört werden.[92] Verzichtet der Zeuge auf sein Zeugnisverweigerungsrecht, kann der Polizeibeamte ergänzend zur

86 BGHSt 1, 337, 339; 14, 310, 311.

87 BGHSt 22, 170, 171.

88 *Eisenberg*, Rn. 1027.

89 Siehe 2. Kapitel II. 1. u. 2.

90 BGHSt 21, 218.

91 KK-*Diemer*, § 252, Rn. 3.

92 BGHSt 2, 99, 106 ff.; 13, 394, 398.

Aussage des Zeugen vor Gericht über die näheren Umstände der mit diesem durchgeführten Vernehmung, Wahlgegenüberstellung oder Lichtbildvorlage berichten.[93] Dies ist insbesondere dann von Interesse, wenn das Opfer der einzige Tatzeuge ist und der Angeklagte die Tat bestreitet.

3. Rollenwechsel: vom Ermittler zum personellen Beweismittel

In all den Fällen, in denen der Polizeibeamte als Zeuge über die Ermittlungstätigkeit befragt wird, tauscht er seine Rolle, indem er vom Ermittler, der selbst aktiv das Strafverfahren gegen den Beschuldigten betrieben hat, zu einem Zeugen in diesem Verfahren wird. Er verliert damit seine aktive Rolle. Dieser Rollenwechsel des Polizeibeamten bereitet oftmals Probleme. Der Polizeibeamte, der eben noch die Ermittlungen geführt hat, muss nun als Zeuge Rechenschaft über seine Ermittlungsarbeit ablegen. Insoweit besteht die Gefahr, dass kritische Äußerungen an der Ermittlungstätigkeit von Seiten des Gerichts oder der Verfahrensbeteiligten vom Polizeibeamten als Kritik an seiner Person und/oder an seiner Arbeitsweise empfunden wird. Der Polizeibeamte meint möglicherweise in der Folge, seine konkrete Ermittlungstätigkeit vor Gericht rechtfertigen zu müssen und verlässt dadurch die eigentliche Zeugenrolle. So besteht die Gefahr, dass der Polizeibeamte versucht, seine letztlich zur Anklage geführten Ermittlungsergebnisse als zutreffend zu verteidigen und dadurch eindeutig Partei gegen den Angeklagten einnimmt.[94] Dabei muss ihm dies aufgrund seiner Doppelrolle als Ermittler und Zeuge noch nicht einmal bewusst sein. Diese Voreingenommenheit bestimmt möglicherweise sein Aussageverhalten und hat damit auch negativen Einfluss auf den Beweiswert, die Glaubhaftigkeit seiner Aussage und die Glaubwürdigkeit seiner Person.

Tipp:

Der Polizeibeamte sollte sich daher immer bewusst machen, dass in der Hauptverhandlung nicht über „seinen Fall" verhandelt und entschieden wird, sondern über die dem Angeklagten zur Last gelegte Tat im Sinne des § 264 StPO.

93 Vgl. BGHSt 2, 110, 111.

94 Ausführlich *Knuf,* S. 267 f.; vgl. auch *Starkgraff,* in: Schriftenreihe der Strafverteidigervereinigung 2016, 235, 243.

II. Pflichten und Rechte des Polizeizeugen

Der Polizeibeamte hat als Zeuge zunächst die Pflichten und Rechte eines jeden Zeugen gem. §§ 48 ff. StPO. Aus seiner dienstlichen Stellung als Polizeibeamter ergeben sich darüber hinaus ergänzende Pflichten und Rechte. Besondere Bedeutung kommt dabei der Vorbereitungspflicht des polizeilichen Zeugen zu.

1. Pflichten des Polizeizeugen

Der Zeuge hat drei Hauptpflichten. Er muss erscheinen, die Wahrheit sagen und in bestimmten Fällen einen Eid auf seine Aussage leisten. Darüber hinaus besteht für den Polizeibeamten die Pflicht zur Vorbereitung seiner Zeugenaussage. Weniger relevante und daher im Folgenden nicht dargestellte Pflichten sind die Duldung der körperlichen Untersuchung (§ 81c StPO), der Bild-Ton-Aufzeichnung der Aussage (§ 58a StPO) und die Mitwirkung an einer Gegenüberstellung (§ 58 II StPO).

a) Erscheinenspflicht

Die Erscheinenspflicht gilt bei Ladungen durch den Richter (§ 48 I StPO), im Ermittlungsverfahren auch durch die Staatsanwaltschaft (§ 161a I 1 StPO) und die Ermittlungspersonen der Staatsanwaltschaft, sofern letzterer Ladung ein Auftrag der Staatsanwaltschaft zu Grunde liegt (§ 163 III 1 StPO).

aa) Ungehorsamsfolgen bei Nichterscheinen

Der trotz ordnungsgemäßer Ladung durch Gericht oder Staatsanwaltschaft unentschuldigt ausbleibende Zeuge trägt die durch sein Ausbleiben entstandenen Kosten und zahlt ein Ordnungsgeld (§ 51 I StPO), das zwischen 5 und 1000 € liegt (Art. 6 I EGStGB). Die genaue Höhe bestimmt das Gericht bzw. die Staatsanwaltschaft nach pflichtgemäßem Ermessen. Maßgebend sind die Bedeutung der Sache und der Aussage für die Entscheidung sowie die Schwere der Pflichtverletzung.[95] Ersatzweise muss der Zeuge Ordnungshaft von einem Tag bis zu sechs Wochen erdulden (Art. 6 II EGStGB), wobei die Haft nur vom Richter angeordnet werden darf (§ 161a II 2 StPO). Gegen die Anordnung des Gerichts kann der Zeuge Beschwerde (§ 304 II StPO) einlegen. Gegen Ordnungsmittel der Staatsanwaltschaft kann ein Antrag auf gerichtliche Entscheidung gestellt werden (§ 161a III 1 StPO).

---

95 LR-*Ignor/Bertheau*, 27. Aufl., § 51, Rn. 21.

bb) Entschuldigtes Nichterscheinen

Von diesen Ordnungsmitteln wird nur Abstand genommen, wenn das Ausbleiben des Zeugen rechtzeitig genügend entschuldigt wird (§ 51 II StPO). Dies gilt auch für den Polizeibeamten als Zeugen. Ist es dem Polizeibeamten beispielsweise aus dienstlichen Gründen nicht möglich, den Gerichtstermin als Zeuge wahrzunehmen, so muss dies rechtzeitig und ausreichend begründet dem Gericht angezeigt werden, da ansonsten ein Ordnungsgeld droht. Rechtzeitig ist die Entschuldigung dann, wenn sie so früh erfolgt, dass der Termin verlegt und eine Abbestellung der geladenen Personen noch im gewöhnlichen Geschäftsbetrieb möglich ist.[96] Eine Entschuldigung, die spätestens eine Woche vor dem Termin bei Gericht eingeht, dürfte noch rechtzeitig sein.[97] Verspätete Entschuldigungen führen jedoch bei unvorhersehbaren Verhinderungen nicht zu den genannten Ungehorsamsfolgen. Hierzu zählen etwa eine plötzliche Erkrankung, ein Verkehrsunfall, ein unangekündigter Streik im öffentlichen Nahverkehr oder besondere Witterungsverhältnisse wie Nebel und Glatteis. Diese sollten möglichst vor Anordnung von Ungehorsamsfolgen glaubhaft gemacht werden, beispielsweise bei Erkrankung durch ein ärztliches Attest. Ansonsten muss der Zeuge die Glaubhaftmachung im Beschwerdeverfahren nachholen.

Genügend entschuldigt ist der Zeuge etwa bei einer Erkrankung oder einer nicht zu verlegenden Abschlussprüfung. Hat der Zeuge unverschuldet keine Kenntnis von der Ladung, ist er ebenfalls entschuldigt.[98] Jedoch entschuldigt die Unkenntnis der Ladung infolge des Verschuldens Dritter den Zeugen nicht ohne weiteres.[99] Erhält der Polizeibeamte, dessen Ladung regelmäßig über die Dienststelle erfolgt, zu spät oder gar nicht Kenntnis von seiner Zeugenladung, so entschuldigt dies nicht zwingend das Ausbleiben vor Gericht, sondern hängt vom Einzelfall ab. Bei Urlaub oder Versetzung beispielsweise darf sich der Polizeibeamte darauf verlassen, dass er über die Zeugenladung von seiner Dienststelle informiert wird bzw. diese das Gericht entsprechend in Kenntnis setzt. Ansonsten geht die Erscheinenspflicht grundsätzlich beruflichen und privaten Verpflichtungen vor.[100] So entbindet ein geplanter Fortbildungsbesuch oder Urlaub nicht von der Erscheinenspflicht. Da der Zeuge aber einen Anspruch auf angemessene Behandlung hat, muss das Gericht die Belange des Zeugen gegenüber seiner Zeugenpflicht abwägen und nach Möglichkeit einen Interessenausgleich

---

96 *Schmitt*, in: Meyer-Goßner/Schmitt, § 51 Rn. 8.

97 *Artkämper*, DPolBl. 2011, 11, 12.

98 *Schmitt*, in: Meyer-Goßner/Schmitt, § 51, Rn. 11.

99 OLG Hamm, NJW 1956, 1935.

100 *Eisenberg*, Rn. 1067.

finden, um erhebliche Nachteile für den Zeugen abzuwenden. Hat der Zeuge beispielsweise seinen Urlaub bereits vor der Terminsladung verbindlich gebucht und würde durch die Wahrnehmung seines Gerichtstermins finanzielle Nachteile erleiden, so muss der Termin verschoben oder aber auf den Zeugen verzichtet werden. Dagegen ist eine Verschiebung des Urlaubsbeginns um wenige Tage wegen einer Zeugenvernehmung in einer bedeutenden Strafsache zumutbar.[101]

b) Aussagepflicht

Der Zeuge hat die Pflicht zur umfassenden und wahrheitsgemäßen Aussage. Verweigert er die Aussage ohne gesetzlichen Grund, so muss er die Kosten tragen und ein Ordnungsgeld zahlen (§ 70 I StPO). Ersatzweise kann der Richter Ordnungshaft bis zu sechs Wochen anordnen. Auch kann Beugehaft bis zu sechs Monaten zur Erzwingung der Aussage vom Gericht verhängt werden (§ 70 II StPO). Lügt der Zeuge vor Gericht, so macht er sich schon allein durch die unwahre Aussage strafbar (§§ 153 ff. StGB). Das ist der Fall, wenn der Inhalt der Aussage mit der objektiven Sachlage nicht übereinstimmt.[102] Auch ein bewusstes Verschweigen von Tatsachen, die das Beweisthema betreffen, stellt bereits eine Falschaussage dar.[103] Ob das Gericht und die Verfahrensbeteiligten seine Aussage für wahr halten, ist dabei irrelevant.[104] Auch kommen bei falschen Angaben Straftaten nach §§ 164, 258, 258a und 145d StGB in Betracht. Die Pflicht zur umfassenden und wahrheitsgemäßen Aussage erfordert somit von Polizeibeamten, die über ihre Ermittlungen als Zeuge vernommen werden, auch ihnen möglicherweise ungünstig erscheinende Tatsachen, wie unvollständige Belehrungen, Täuschungen etc. vollständig und wahrheitsgemäß anzugeben. Diese Pflicht entfällt, wenn Verschwiegenheitspflichten (§ 54 StPO) oder Zeugnis- und Auskunftsverweigerungsrechte (§§ 52 ff. StPO) eingreifen, beispielsweise der Polizeibeamte sich durch bestimmte Angaben selbst strafrechtlich belasten würde (§ 55 I StPO). Näheres hierzu findet sich im folgenden Abschnitt über die Zeugenrechte.

Merke:

Macht der Polizeibeamte sich durch bewusstes Verschweigen oder unwahre Behauptungen von Tatsachen wegen einer uneidlichen Falschaussage nach § 153 StGB strafbar, kann dies disziplinarrechtlich zur Entfernung aus dem Dienst führen.[105]

---

101 LR-*Ignor/Bertheau,* 27. Aufl., § 51, Rn. 12.

102 BGHSt 7, 147, 148 f.

103 Schönke/Schröder-*Bosch/Schittenhelm,* Vorbem. §§ 153 ff., Rn. 16.

104 Vgl. *Fischer,* § 153, Rn. 12.

105 VGH Mannheim, NVwZ-RR 2002, 205 f.; VGH Mannheim, DÖV 2010, 146 f.

c) Eidespflicht

Die Nichtvereidigung des Zeugen stellt den Regelfall dar. Zeugen können aber in Ausnahmefällen auf ihre Aussage vereidigt werden, „*wenn es das Gericht wegen der ausschlaggebenden Bedeutung der Aussage oder zur Herbeiführung einer wahren Aussage nach seinem Ermessen für notwendig hält*" (§ 59 I 1 StPO). Über die Frage der Nichtvereidigung muss das Gericht nicht ausdrücklich entscheiden, da dies der Regelfall ist.[106] Ungeachtet dessen können die Verfahrensbeteiligten einen Antrag auf Vereidigung stellen, über den das Gericht entscheiden muss. Im Falle der Vereidigung werden Zeugen einzeln nach ihrer Vernehmung vereidigt (§ 59 II 1 StPO). Dies bedeutet nicht, dass die Vereidigung unmittelbar nach der Vernehmung erfolgen muss. Es genügt eine Entscheidung des Gerichts über die Vereidigung eines Zeugen am Ende der Beweisaufnahme.[107] Wird die Eidesleistung verweigert, finden – sofern kein Vereidigungsverbot (§ 60 StPO) oder Eidesverweigerungsrecht (§ 61 StPO) besteht – die genannten Ordnungsmittel des § 70 I StPO Anwendung.

Merke:

Beeidet der Zeuge bewusst eine unwahre Aussage, so begeht er einen Meineid, der im Mindestmaß mit einem Jahr Freiheitsstrafe verbunden ist (§ 154 I StGB). Dies bedeutet für einen Polizeibeamten im Falle rechtskräftiger Verurteilung regelmäßig dienstrechtlich die Beendigung des Beamtenverhältnisses (§§ 41 I 1 Nr. 1 BBG; 24 I Nr. 1 BeamtStG).

d) Verschwiegenheitspflicht und Aussagegenehmigung

Ein Zeuge, der Richter, Beamter oder eine andere Person des öffentlichen Dienstes ist, hat eine Verschwiegenheitspflicht bei Dienstgeheimnissen (§§ 67 I BBG; 37 I BeamtStG). Für die Zeugenvernehmung dieses Personenkreises gelten die beamtenrechtlichen Vorschriften des Bundes und der Länder (§ 54 I StPO). Somit darf der Polizeibeamte ohne Genehmigung über diese Angelegenheiten nicht als Zeuge aussagen oder Erklärungen abgeben. Sagt er dennoch aus, macht er sich wegen Verletzung des Dienstgeheimnisses nach § 353b StGB strafbar. Gleichwohl ist die Aussage aber verwertbar.[108] Ist die Aussagegenehmigung erteilt worden, so besteht wieder die allgemeine Aussagepflicht als Zeuge. Da Ermittlungspersonen der Staatsanwaltschaft (§ 152 GVG) in bestimmtem Umfang eine generelle Aussage-

106 BGHSt 50, 282, 283; a.A. *Schmitt,* in: Meyer-Goßner/Schmitt, § 59, Rn. 8 m.w.N.

107 BGHSt 1, 346, 348.

108 *Schmitt,* in: Meyer-Goßner/Schmitt, § 54, Rn. 15.

genehmigung gegenüber der Staatsanwaltschaft und dem Gericht haben, bedürfen sie für ihre Zeugenaussage grundsätzlich keiner Genehmigung, solange die zuständige Behörde nicht angeordnet hat, dass allgemein oder für bestimmte Einzelfälle eine Aussagegenehmigung erforderlich ist.[109]

Tipp:

Ob eine Aussagegenehmigung im Einzelfall notwendig ist, entscheidet der Zeuge zunächst selbst. Hat er ernsthafte Zweifel an seiner Aussageberechtigung und lassen diese sich nicht in der Hauptverhandlung klären, muss er das Zeugnis verweigern.[110] Eine fehlende Aussagegenehmigung entbindet jedoch nicht von der Erscheinenspflicht vor Gericht.[111]

Die Aussagegenehmigung, die ein Verwaltungsakt ist, muss von der Stelle eingeholt werden, die den Zeugen vernehmen will. Im Hauptverfahren obliegt dies somit regelmäßig dem Gericht. In dem Antrag müssen die Vorgänge, über die der Zeuge vernommen werden soll, angegeben werden (RiStBV Nr. 66 III 1). Zuständig für die Erteilung der Aussagegenehmigung ist der Dienstvorgesetzte des Zeugen. Die Genehmigung ist aber nur zu versagen, „*wenn die Aussage dem Wohl des Bundes oder eines deutschen Landes Nachteile bereiten oder die Erfüllung öffentlicher Aufgaben ernstlich gefährden oder erheblich erschweren würde*“ (§§ 68 I BBG; 37 IV 1 BeamtStG). Bei der Entscheidung müssen die Bedeutung der gerichtlichen Wahrheitsfindung und die Verteidigungsrechte des Beschuldigten angemessen berücksichtigt werden.[112] Wird die Aussagegenehmigung verweigert, muss die Verwaltungsbehörde dem Gericht die Gründe ausreichend verständlich machen.[113] Dies gilt auch, wenn die Genehmigung der Aussage auf einzelne Komplexe oder Fragen beschränkt wird. Gegen die vollständige oder teilweise Versagung der Genehmigung können der Beschuldigte und sein Verteidiger vor dem Verwaltungsgericht Verpflichtungsklage erheben.[114] Wird die Genehmigung vollständig versagt, muss der Zeuge zwar auf Ladung vor Gericht erscheinen, seine Vernehmung ist aber unzulässig. Bei nur beschränkter Aussagegenehmigung müssen Fragen der Verfahrensbeteiligten an den Zeugen, die von der Genehmigung nicht gedeckt sind, vom Vorsitzenden zurückgewiesen werden.[115] Falls der Vorsitzende nicht von sich aus entsprechend reagiert, sollte

---

109 *Krause/Nehring,* § 54, Rn. 4; LR-*Ignor/Bertheau,* 27. Aufl., § 54, Rn. 14.

110 KK-*Bader,* § 54, Rn. 12.

111 Vgl. LR-*Ignor/Bertheau,* 27. Aufl., § 54, Rn. 26.

112 BGHSt 32, 115, 124.

113 BGHSt 32, 115, 125.

114 BVerwG, StV 1982, 463, 465.

115 *Schmitt,* in: Meyer-Goßner/Schmitt, § 54, Rn. 25.

der Zeuge gegenüber dem Gericht auf die fehlende Aussagegenehmigung zur Beantwortung der jeweiligen Frage hinweisen.

Tipp:

Ist der Zeuge unsicher, ob die Beantwortung einer bestimmten Frage von seiner Aussagegenehmigung gedeckt ist, so sollte er die Zweifel dem Gericht umgehend mitteilen. Teilt das Gericht die Zweifel, so wird es die Frage an den Zeugen zunächst zurückweisen und mit dem Dienstvorgesetzten klären, ob die Frage von der Aussagegenehmigung erfasst ist.

Polizeiliche Relevanz

Amtsverschwiegenheit besteht vor allem bei verdeckt operierenden Polizeibeamten, wie Scheinaufkäufern oder Verdeckten Ermittlern. V-Leute fallen nur unter den Personenkreis von § 54 StPO, wenn sie hauptberuflich mit festen Bezügen angestellt sind oder aber nach dem Verpflichtungsgesetz vom 2. 3. 1974[116] besonders zur Verschwiegenheit verpflichtet worden sind.[117] Wegen der gebotenen Aufklärungspflicht durch das Gericht und dem damit verbundenen Interesse an der Wahrheitsfindung ist die Amtsverschwiegenheit aber keine Standardmöglichkeit eines polizeilichen Zeugen, um die Aussage zu verweigern. Grundsätzlich wird dem Interesse an der Wahrheitsfindung der Vorrang gegenüber dem Geheimhaltungsinteresse einzuräumen sein.[118] Nur wenn es sich bei den vom Zeugen zu bekundenden Tatsachen um gewichtige polizeiliche Geheimnisse handelt, bei deren Bekanntwerden der Polizei für ihre Ermittlungstätigkeit und damit für eine effektive Verbrechensbekämpfung schwerwiegende Nachteile entstehen würden, liegen die Voraussetzungen zur Verschwiegenheit vor. Oftmals wird aber auch eine auf einzelne Tatkomplexe oder Fragen beschränkte bzw. einzelne Fragen ausschließende Aussagegenehmigung erteilt. Dabei müssen sich aber auch die Aussagebeschränkungen in engen Grenzen halten. So kann beispielsweise die Aussagegenehmigung mit der Beschränkung erteilt werden, dass keine Angaben über die Person eines V-Manns vom Zeugen getätigt werden dürfen.[119] In diesen Fällen erfolgt – zum Schutz des V-Manns, aber ohne spezielle gesetzliche Grundlage – die Vernehmung des V-Manns bereits im Ermittlungsverfahren durch einen Polizeibeamten, der dann im Hauptverfahren als Zeuge vom Hörensagen berichtet.

116 BGBl I, 469, 547.

117 BGHSt 31, 148, 156.

118 BVerwG, StV 1982, 463, 465.

119 BGHSt 17, 382, 383 f.

e) Pflicht zur Vorbereitung

Bei der Vorbereitung einer Zeugenaussage bestehen erhebliche Unterschiede zwischen dem Zeugen im Allgemeinen und einem Polizeibeamten als Zeuge.

aa) Allgemeine Vorbereitung

Der Zeuge soll das wiedergeben, was er zum Beweisthema selbst wahrgenommen hat. Insoweit trifft den Zeugen keine generelle Pflicht, sich durch Nachforschungen erst Kenntnis von den Umständen zu verschaffen, über die er aussagen soll. Eine Vorbereitungspflicht beispielsweise anhand von Unterlagen und Aufzeichnungen besteht im Strafverfahren – anders als im Zivilverfahren (§ 378 ZPO) – nicht. Daher muss das Gericht dem Zeugen vor seiner Vernehmung auch den Untersuchungsgegenstand und die Person des Beschuldigten mitteilen (§ 69 I 2 StPO), sofern der Zeuge darüber nicht bereits informiert ist. Da der Zeuge möglichst umfassend und wahrheitsgemäß aussagen soll und auch ein fahrlässiger Falscheid gem. § 161 I StGB strafbar ist, darf er sich allerdings auf seine Vernehmung in der Hauptverhandlung vorbereiten. Dabei besteht auch die Möglichkeit, schriftliche Unterlagen zur Hauptverhandlung mitzubringen, die der Zeuge dann bei seiner Vernehmung benutzen kann, um seine Erinnerung aufzufrischen.[120]

bb) Dienstliche Vorbereitungspflicht

Demgegenüber besteht für Polizeibeamte, die in amtlicher Eigenschaft in der Sache tätig waren, nach wohl überwiegender Ansicht nicht nur das Recht zur Vorbereitung auf die Zeugenvernehmung, sondern eine dienstliche Vorbereitungspflicht.[121] Dies hat folgenden Hintergrund: Polizeibeamte werden oftmals im Bereich der Massendelinquenz oder in Großverfahren[122] als Zeugen vernommen. Hinzu kommt, dass die Zeugenaussagen regelmäßig zeitlich lang zurückliegende Geschehen betreffen, die zur dienstlichen Routine eines Polizeibeamten zählen. In der Folge besteht bei Polizeibeamten eine noch größere Gefahr von Erinnerungslücken an konkrete Geschehnisse als bei anderen Zeugen, für die ein strafrechtlich relevanter Sachverhalt zumeist ein außergewöhnliches Ereignis darstellt. Einem Polizeibeamten wird es im Regelfall beispielsweise kaum gelingen, sich an eine acht Monate zurückliegende Beschuldigtenvernehmung in einer einfachen Körperverletzungssache detailliert zu erinnern, während sich das Opfer der

120 *Schmitt*, in: Meyer-Goßner/Schmitt, § 69, Rn. 8.

121 BGHSt 1, 5, 8; OLG Köln, NJW 1966, 1420 f.; *Grohmann/Schulz,* DAR 1980, 74, 78; *Krause/ Nehring,* Rn. 324; *Kube/Leineweber,* S. 27; a. A. *Hof,* HRRS 2015, 277, 284 ff.; *Krüger,* Kriminalistik 1978, 289, 293; *Maeffert,* StV 1982, 386, 388; *Nöldeke,* NJW 1979, 1644 f.; kritisch *Foth,* DRiZ 1971, 341; *Malek,* Rn. 576.

122 Zu Großverfahren gegen „politisch motivierte" Täter ausführlich *Kube,* DRiZ 1979, 38, 40 ff.

Körperverletzung vermutlich an das Tatgeschehen noch recht genau erinnern kann. Trotzdem erwarten Gericht und Verfahrensbeteiligte zumeist gerade vom Polizeibeamten eine qualifizierte Aussage zur Sache. Fehlt die Erinnerung an Einzelheiten der Sache, so muss daher der Polizeibeamte die bei seiner Behörde zugänglichen Akten einsehen. Hierzu gehört die Kopie der Ermittlungsakte, wobei auch die von ihm selbst angefertigten Aktenteile, wie etwa dienstliche Erklärungen und Vernehmungsprotokolle, eingesehen werden können. Letzteres ist insbesondere dann relevant, wenn der Polizeibeamte über die von ihm durchgeführte Beschuldigtenvernehmung als Zeuge vom Hörensagen vernommen werden soll.

cc) Hinweise zur Vorbereitung

Die Vorbereitung mittels des vorhandenen Aktenmaterials kann die Erinnerung verfälschen.[123] Der Polizeibeamte sollte sich dessen bei der Vorbereitung stets bewusst sein. So darf selbstverständlich das Protokoll einer polizeilichen Beschuldigtenvernehmung nicht auswendig gelernt werden, da dann zwischen angelesenem Wissen und tatsächlicher Erinnerung nicht sauber unterschieden werden kann. Sinn der Vorbereitung ist eben nicht, dass der polizeiliche Zeuge in der Hauptverhandlung nunmehr die Vernehmung nahezu im Wortlaut wiedergeben und jede Frage beantworten kann. Der Polizeibeamte muss vielmehr bemüht sein, sich durch das Studium des Protokolls an die Vernehmung zu erinnern, da er, wie bereits erläutert,[124] als Zeuge vor Gericht über seine Wahrnehmung der Vernehmung und nicht über den angelesenen Protokollinhalt Auskunft geben muss. Entgegen teilweise vertretener Ansicht[125] sollten Gespräche mit Kollegen über die Sache und den Akteninhalt im Rahmen der Vorbereitung der Zeugenaussage unterbleiben. Ansonsten besteht die Gefahr, dass die individuelle Erinnerung durch Gruppengespräche beeinträchtigt wird und in der Folge die Aussage weniger zuverlässig ist.[126] Erinnerungslücken müssen vor Gericht eingeräumt werden, da nur so dem Gericht eine objektive Beweiswürdigung im Urteil möglich ist.

Tipp:

In keinem Fall darf versucht werden, Erinnerungslücken durch Schlussfolgerungen zu ersetzen. Auch sollte der Polizeibeamte dem Gericht und den Verfahrensbeteiligten mitteilen, an welche seiner bekundeten Wahrnehmungen er sich nur aufgrund der Vorbereitung wieder erinnert. All dies erhöht den Beweiswert der Zeugenaussage bzw. macht diese glaubhafter.

123 Hierzu *Maeffert*, StV 1982, 386, 388 f. m. w. N.

124 Siehe 3. Kapitel I. 2. a).

125 *Kohler*, Die Polizei 1970, 237.

126 *Bender/Nack/Treuer*, Rn. 1431.

Bei seiner Vorbereitung muss der Polizeibeamte bedenken, dass der ohne Gedächtnisstütze erfolgte Aussageteil regelmäßig einen höheren Beweiswert als der mit Vernehmungshilfen, beispielsweise einem Vorhalt aus dem polizeilichen Protokoll der Beschuldigtenvernehmung, erfolgte Teil hat. Zu empfehlen ist auch, nur die Aktenteile zu lesen, die von ihm selbst gefertigt wurden. So kann die Gefahr der Erinnerungsvermischung eigener mit fremden Feststellungen und einer daraus folgenden Glaubwürdigkeits- bzw. Glaubhaftigkeitsbeeinträchtigung vermieden werden.

Wie bereits erwähnt, darf der Polizeibeamte auch schriftliche Unterlagen zu seiner Zeugenvernehmung mitnehmen. Falls er diese verwendet, sollte er das Gericht und die Verfahrensbeteiligten kurz informieren, um was für Unterlagen es sich dabei handelt. Von Interesse ist insbesondere, ob die Unterlagen den amtlichen Ermittlungsakten entsprechen. Ist dies nicht der Fall, so könnte eine Verletzung des Grundsatzes der Aktenvollständigkeit[127] gegeben sein, womit dann der Polizeibeamte als Zeuge konfrontiert wird. Dies könnte beispielsweise zu einem Antrag des Verteidigers auf Herausgabe bzw. Beiziehung zur Akte der schriftlichen Unterlagen führen.[128] Fertigt der Polizeibeamte zur Vorbereitung seiner Zeugenaussage beispielsweise eine Skizze, die er zum besseren Verständnis seiner Aussage vor Gericht präsentieren will, so sollte er diese zuvor dem Gericht und hierüber auch den anderen Verfahrensbeteiligten zukommen lassen.

Ist der Polizeibeamte selbst Opfer der angeklagten Tat, so hat er zumeist ein gesteigertes persönliches Interesse am Verfahrensausgang. Daher sollte er nach Möglichkeit eine Vorbereitung seiner Zeugenvernehmung unter Verwendung des vorhandenen Aktenmaterials vermeiden. Dies könnte ansonsten bei Gericht den Eindruck erwecken, der Polizeibeamte habe seine Aussage mit Hilfe des Aktenmaterials in seinem Sinne „abgestimmt".[129] Aus diesen Gründen sollten Gespräche mit Kollegen, die bei dem Vorfall anwesend waren und daher als Zeugen geladen sind, unterbleiben. Hat der Polizeibeamte diese Grundsätze nicht eingehalten, sollte er als Zeuge gleich zu Beginn seiner Vernehmung den Umfang der Vorbereitung dem Gericht unbedingt mitteilen.

127 Hierzu 5. Kapitel I. 3. b).

128 Vgl. Gerst/*Meinicke*, Teil 1, Rn. 42.

129 *Esders*, DPolBl. 2011, 5, 7.

2. Rechte des Polizeizeugen

Der Zeuge hat als Prozesssubjekt nicht nur Pflichten, sondern auch Rechte, die seinen Ansprüchen und Schutzbedürfnissen Rechnung tragen. So werden die Aussage- und Eidespflichten des Zeugen durch die Rechte zur Zeugnis- und Auskunftsverweigerung eingeschränkt. Darüber hinaus hat der Zeuge ein Recht auf angemessene Behandlung und Schutz seiner Person und Ehre.

a) Zeugnisverweigerungsrechte

Die Aussage- und Eidespflicht ist nicht gegeben, wenn der Zeuge ein Zeugnisverweigerungsrecht (§§ 52, 53 StPO) hat. Die Zeugnisverweigerungsrechte bestehen entweder aufgrund persönlicher (§ 52 StPO) oder beruflicher (§ 53 StPO) Beziehungen des Zeugen zum Beschuldigten. Für Polizeibeamte kann sich ein Zeugnisverweigerungsrecht unter Umständen aus § 52 StPO ergeben, der dem Verlobten, dem Lebenspartner nach dem Lebenspartnerschaftsgesetz, dem Ehegatten und gewissen nahen Angehörigen des Beschuldigten ein uneingeschränktes Zeugnisverweigerungsrecht zubilligt. In diesen Fällen muss der Zeuge zwar erscheinen, kann aber ohne weitere Begründung[130] das Zeugnis in vollem Umfang verweigern. Dies darf vom Gericht nicht zum Nachteil des Beschuldigten gewertet werden. Ebenso sind vorhergehende Aussagen des weigerungsberechtigten Zeugen im Ermittlungsverfahren nach der Ausübung des Zeugnisverweigerungsrechts nicht mehr durch Verlesung oder Vernehmung der Verhörperson verwertbar (§ 252 StPO). Einzige Ausnahme ist eine vorhergehende richterliche Zeugenvernehmung, bei der der Zeuge über sein Zeugnisverweigerungsrecht ordnungsgemäß belehrt wurde.[131]

Verzichtet der Zeuge auf die Ausübung seines Zeugnisverweigerungsrechts und erklärt sich zur Aussage bereit, so muss er wahrheitsgemäß aussagen und darf keine wesentlichen Tatsachen verschweigen oder gar wahrheitswidrig behaupten, er wisse nichts. Ansonsten macht er sich möglicherweise nach den §§ 153 ff. StGB strafbar. Will er nur zu bestimmten Tatsachen keine Auskunft geben, ansonsten aber aussagen, so muss er das vor seiner Aussage zweifelsfrei erklären.[132]

130 *Schmitt*, in: Meyer-Goßner/Schmitt, § 52, Rn. 16.

131 BGHSt 17, 324, 326; 18, 146, 149.

132 BGHSt 7, 127 f.

Polizeiliche Relevanz

Aufgrund seiner beruflichen Stellung ist der Polizeibeamte, der ein Zeugnisverweigerungsrecht hat, einem solchen Konflikt zwischen Verwandtenschutz und Wahrheitspflicht in besonderem Maße ausgesetzt. Daher sollte möglichst von vornherein verhindert werden, dass ein Polizeibeamter an Ermittlungen gegen eigene Familienmitglieder und Angehörige beteiligt wird. Dienstrechtlich besteht auch die Pflicht, Beamte von entsprechenden Amtshandlungen, die sich gegen sie selbst oder Angehörige im Sinne des § 52 I StPO richten würden, zu befreien (§ 65 I BBG). Ist dies nicht möglich gewesen und wird der Polizeibeamte nunmehr als Zeuge im Verfahren gegen seinen Angehörigen geladen, so kann er – ohne dadurch rechtliche Nachteile für sich oder seinen Angehörigen befürchten zu müssen – von seinem Zeugnisverweigerungsrecht Gebrauch machen. Wie bereits ausgeführt, braucht der Zeuge keine Gründe für seine Weigerung anzugeben. Auch darf weder der Richter noch ein Prozessbeteiligter ihn nach seinen Beweggründen fragen.[133] Eine entsprechende Frage des Verteidigers an den polizeilichen Zeugen muss das Gericht nach § 241 II StPO als ungeeignet zurückweisen.

b) Auskunftsverweigerungsrecht

Dem Zeugen steht ein Auskunftsverweigerungsrecht (§ 55 StPO) über Fragen zu, deren wahrheitsgemäße Beantwortung ihn selbst oder einen Angehörigen der Gefahr einer Verfolgung wegen einer begangenen Straftat oder Ordnungswidrigkeit aussetzen würde. Der Unterschied zum Zeugnisverweigerungsrecht besteht darin, dass der Zeuge themenbezogen die Beantwortung von Fragen verweigern kann, aber grundsätzlich nicht zur umfassenden Verweigerung der Aussage berechtigt ist.[134] Dies kann jedoch faktisch zu einer Verweigerung der gesamten Aussage führen.[135] Ob der Zeuge durch die Beantwortung einer Frage sich selbst oder einen Angehörigen belastet, hat er zunächst auf der Grundlage seines Wissens eigenständig zu beurteilen.[136] Macht der Zeuge von seinem Auskunftsverweigerungsrecht Gebrauch, so obliegt die tatsächliche Beurteilung und rechtliche Würdigung dieser Ausübung sodann dem Gericht. Schon die Möglichkeit, dass die Beantwortung einzelner Fragen den Zeugen oder seine Angehörigen in die Gefahr der Strafverfolgung bringt, führt zur Anerkennung des Aus-

133 Vgl. BGHSt 6, 279, 280.
134 BGHSt 38, 302, 303 f.
135 BGHSt 10, 104, 105.
136 BGH, StV 1986, 282.

kunftsverweigerungsrechts.[137] In diesem Fall darf der Zeuge über die in Betracht kommenden Fragen nicht weiter befragt werden. Entsprechende Fragen der Verfahrensbeteiligten muss das Gericht als ungeeignet nach § 241 II StPO zurückweisen.[138] Verzichtet der Zeuge auf sein Auskunftsverweigerungsrecht, muss er wahrheitsgemäß aussagen. Macht er nunmehr jedoch wahrheitswidrige Angaben, so kann er diese bis zum Abschluss seiner Vernehmung widerrufen und von seinem Auskunftsverweigerungsrecht Gebrauch machen.[139] Die bisherige Aussage kann dann nicht gegen den Zeugen oder seine Angehörigen verwertet werden.[140]

Polizeiliche Relevanz

Für den Polizeibeamten ist das Auskunftsverweigerungsrecht insbesondere in Strafverfahren von Bedeutung, in denen er als Zeuge über die Anwendung unmittelbaren Zwangs zur Durchsetzung einer Maßnahme gegen den Beschuldigten (z. B. Blutentnahme nach § 81a StPO oder vorläufige Festnahme nach § 127 II StPO) aussagen soll. Oftmals hat nämlich der von der Zwangsmaßnahme Betroffene bereits Strafanzeige gegen den Polizeibeamten beispielsweise wegen Freiheitsberaubung (§ 239 StGB), Körperverletzung im Amt (§ 340 I StGB) oder Nötigung (§ 240 StGB) gestellt. In diesen Fällen kann der angezeigte Polizeibeamte als Zeuge die Auskunft auf Fragen zur Durchführung der Zwangsmaßnahme, mit denen er sich möglicherweise selbst belasten würde, verweigern. Dies kann so weit gehen, dass das Weigerungsrecht des Polizeibeamten den gesamten in der Hauptverhandlung vom Gericht verhandelten Tatvorwurf des Widerstandes gegen Vollstreckungsbeamte (§ 113 I StGB) durch den Beschuldigten betrifft. Dann kommt das Auskunftsverweigerungsrecht des polizeilichen Zeugen faktisch einem Zeugnisverweigerungsrecht gleich. Hat der Beschuldigte noch keine Strafanzeige gegen den Polizeibeamten erhoben, stehen aber entsprechende Vorwürfe wegen Körperverletzung im Amt etc. bereits „im Raum“, so besteht ebenfalls ein Auskunftsverweigerungsrecht des betroffenen Polizeibeamten. Ist sich der Polizeibeamte nicht sicher, ob er durch seine Aussage bzw. die Beantwortung bestimmter Fragen sich möglicherweise strafrechtlich selbst belasten würde, so sollte er zunächst von seinem Auskunftsverweigerungsrecht Gebrauch machen und dem Gericht die Gründe darlegen. Auch besteht die Möglichkeit der Hinzuziehung eines anwaltlichen Beistands (§ 68b I StPO) durch den Zeugen. Gegebenenfalls ist auch

137 LR-*Ignor/Bertheau*, 27. Aufl., § 55, Rn. 20.

138 BGH, NJW 2006, 785, 786.

139 *Schmitt*, in: Meyer-Goßner/Schmitt, § 55, Rn. 11.

140 RGSt 44, 44, 45.

das Gericht aufgrund der Fürsorgepflicht für den Zeugen zur Hinzuziehung eines solchen Zeugenbeistands verpflichtet.[141] Würde die Beantwortung bestimmter Fragen zu außerstrafrechtlichen Nachteilen für den Zeugen führen, so berechtigt dies grundsätzlich nicht zur Auskunftsverweigerung nach § 55 I StPO. Dies soll nach überwiegender Auffassung[142] auch für disziplinarrechtliche Folgen gelten, was jedoch kaum überzeugt. So können disziplinarrechtliche Folgen wesentlich schwerer wiegen, als die von der Auskunftsverweigerung des § 55 I StPO erfassten bußgeldrechtlichen Folgen wegen Ordnungswidrigkeiten. Auch hat der Polizeibeamte bereits bei sog. Verwaltungsermittlungen im Vorfeld eines möglichen Disziplinarverfahrens keine Offenbarungspflichten hinsichtlich eigener straf- oder disziplinarrechtlich relevanter Verfehlungen.[143] Für die Zeugenaussage im Strafverfahren kann insoweit nichts anderes gelten.

c) Zeugenbeistand

Der Zeuge hat das Recht, zu seiner Vernehmung einen Rechtsanwalt oder einen Rechtslehrer einer deutschen Hochschule im Sinne des Hochschulrahmengesetzes mit Befähigung zum Richteramt (§ 138 I, III StPO) als Beistand mitzubringen (§ 68b I StPO). Dies gilt nicht nur für richterliche Vernehmungen, sondern auch bei polizeilichen oder staatsanwaltschaftlichen Vernehmungen im Ermittlungsverfahren (§§ 163 III 1, 161a I 2 StPO). Der Zeugenbeistand unterstützt und berät den Zeugen bei der Wahrung seiner prozessualen Rechte. Insbesondere soll er die Wahrnehmung der Weigerungsrechte des Zeugen ermöglichen und unzulässige, ungeeignete sowie nicht zur Sache gehörende Fragen beanstanden.[144] Darüber hinaus soll er den Zeugen auf die Vernehmung sowie die Aussagesituation vorbereiten und durch seine Anwesenheit während der Vernehmung möglichen Ängsten und Unsicherheiten des Zeugen vorbeugen.[145] Zu beachten ist, dass der Zeugenbeistand nicht mehr Rechte hat, als der Zeuge selbst. So besitzt ein Rechtsanwalt als Zeugenbeistand kein Akteneinsichtsrecht, wie beispielsweise der Nebenklagevertreter.[146] Ebenso wenig hat er ein Anwesenheitsrecht vor oder nach der Vernehmung des Zeugen.[147] Äußerlich ist er von den

141 LG Zweibrücken, NJW 1999, 3792.

142 OLG Hamburg, MDR 1984, 335; KK-*Bader,* § 55, Rn. 7; *Schmitt,* in: Meyer-Goßner/Schmitt, § 55, Rn. 5; a. A. OLG Köln, NJW 1988, 2485, 2487.

143 Ausführlich *Eckstein,* Die Polizei 2011, 321 ff.

144 BVerfGE 38, 105, 117.

145 *Klengel/Müller,* NJW 2011, 23, 24.

146 BGH, NStZ-RR 2010, 246, 247.

147 BVerfGE 38, 105, 116.

Verfahrensbeteiligten auch dadurch zu unterscheiden, dass er vor Gericht keine Robe trägt.[148] Es ist grundsätzlich Sache des Zeugen, die Anwesenheit des Beistands sicherzustellen. Ist ein Zeugenbeistand verhindert, so muss der Zeuge daher trotzdem erscheinen und aussagen.[149] Bei umfangreichen und schwierigen Zeugenvernehmungen sollte jedoch im Sinne einer fairen Gestaltung des Strafverfahrens dem Zeugen stets Gelegenheit gegeben werden, einen Rechtsanwalt beizuziehen und zur Vernehmung mitzubringen.[150] Einem schutzbedürftigen Zeugen, der seine Befugnisse nicht selbst wahrnehmen kann, wird von Amts wegen und auf Kosten der Staatskasse ein Rechtsanwalt als Beistand beigeordnet (§ 68 II StPO). Dies gilt auch bereits bei nichtrichterlichen Vernehmungen (§§ 161a I 2, 163 III StPO).

Ist der Verletzte nebenklageberechtigt (§ 395 StPO), so kann er sich bereits im Ermittlungsverfahren eines anwaltlichen Beistands bedienen (§ 406g StPO). Dieser besitzt weiter gehende Rechte als der „übliche" Zeugenbeistand. So hat der anwaltliche Zeugenbeistand des nebenklageberechtigten Opferzeugen ein uneingeschränktes Anwesenheitsrecht während der gesamten Hauptverhandlung und im Ermittlungsverfahren bei allen richterlichen Vernehmungen (§ 406g II 3 StPO).

Polizeiliche Relevanz

Auch Polizeibeamte können sich als Zeugen eines Rechtsbeistandes bedienen. Dies bietet sich an, wenn eine besonders aggressive Befragung durch den Verteidiger zu erwarten ist, um mögliche unzulässige Fragen an den polizeilichen Zeugen erkennen und beanstanden zu können. Außerdem kann allein die Anwesenheit eines anwaltlichen Beistands während der Aussage vor Gericht dem Zeugen mehr Sicherheit im Auftreten geben und dadurch auch zu einer qualitativ besseren Aussage beitragen. Droht dem Polizeibeamten möglicherweise selbst ein Strafverfahren, beispielsweise weil der wegen Widerstands gegen Vollstreckungsbeamte (§ 113 I StGB) Angeklagte den polizeilichen Zeugen einer Körperverletzung im Amt (§ 340 I StGB) bezichtigt, erscheint es ebenfalls sinnvoll, dass der Polizeibeamte sich eines Rechtsanwalts als Beistand bedient, um sein Auskunftsverweigerungsrecht (§ 55 I StPO) richtig ausüben zu können. Die Anwesenheit eines anwaltlichen Beistands des Zeugen darf dabei nicht negativ bei der richterlichen Würdigung der Zeugenaussage berücksichtigt werden. Fragen nach dem Motiv des Zeugen für die Hinzuziehung eines Zeugenbeistands sind

148 *Schmitt*, in: Meyer-Goßner/Schmitt, § 68b, Rn. 5.

149 BGH, NStZ 1989, 484 f.

150 *Schmitt*, in: Meyer-Goßner/Schmitt, § 68b, Rn. 3.

grundsätzlich unzulässig,[151] da dies das an keine weitere Voraussetzung gebundene Recht des Zeugen ist. Daher ist es auch keineswegs „ehrenrührig", wenn ein Polizeibeamter von diesem Zeugenrecht Gebrauch macht.

Wird der Polizeibeamte Opfer einer Straftat, so besteht auch die Möglichkeit, sich als Opferzeuge eines Verletztenbeistands zu bedienen. Der Beistand des Verletzten (§ 406f I StPO) hat ebenfalls die erläuterten Rechte und ist insoweit auch nicht mehr als ein Zeugenbeistand. Jedoch hat der Polizeibeamte als Opferzeuge darüber hinaus einen Rechtsanspruch, zu seiner Vernehmung eine Vertrauensperson hinzuzuziehen (§ 406f II StPO). Hierbei kann es sich um Familienangehörige oder Bekannte handeln.[152] Der Sinn liegt nicht wie beim anwaltlichen Beistand in einer rechtlichen, sondern in einer psychologischen Betreuung des Opfers einer Aggressions- oder Gewalttat, beispielsweise eines Körperverletzungs- oder Sexualdelikts. Dieser Anspruch des Opfers besteht nicht nur vor Gericht, sondern auch schon bei polizeilichen Vernehmungen.[153] Die Vertrauensperson hat jedoch nicht die Rechte des anwaltlichen Zeugenbeistandes, wie beispielsweise die Beanstandung von Fragen an den Zeugen.[154]

d) Zeugenschutz

Das Gericht ist dem Zeugen gegenüber zur Fürsorge verpflichtet und muss ihn vor Lebens- oder Leibesgefahr schützen. Als Prozesssubjekt hat er Anspruch auf angemessene Behandlung und Ehrenschutz, was insbesondere beim Fragerecht von Gericht und Verfahrensbeteiligten zu beachten ist. Zum Schutz des Zeugen bei seiner Vernehmung kann das Gericht die Öffentlichkeit ausschließen (§§ 171b, 172 Nr. 1a GVG). Dies kommt insbesondere bei einer Gefahr für Leib und Leben des Zeugen (§ 172 Nr. 1a GVG) oder aber eines Informanten, über dessen Person und Tätigkeit der Zeuge berichten soll, in Betracht. § 172 Nr. 1a GVG ist auch einschlägig, wenn die Behörde die Aussagegenehmigung beispielsweise eines polizeilichen Zeugen an die begründete Bedingung knüpft, dass er unter Ausschluss der Öffentlichkeit vernommen wird.[155] Auch kann die Entfernung des Angeklagten aus dem Sitzungssaal durch Beschluss des Gerichts angeordnet werden (§ 247 StPO), wenn seine Gegenwart bei dem Zeugen zu einer erheblichen Gesundheitsgefährdung mit der Folge der Vernehmungsunfähigkeit führen

151 *Klengel/Müller*, NJW 2011, 23, 26.
152 *Schmitt*, in: Meyer-Goßner/Schmitt, § 406f, Rn. 4.
153 LR-*Hilger*, 26. Aufl., § 406f, Rn. 6.
154 Vgl. *Schmitt*, in: Meyer-Goßner/Schmitt, § 406f, Rn. 5.
155 BGHSt 32, 115, 125.

kann, wie beispielsweise einem Nervenzusammenbruch. Jedoch reichen geringfügige Beeinträchtigungen des Wohlbefindens nicht aus.[156] Die Entfernung des Angeklagten ist auch zulässig, wenn dem Zeugen von seiner obersten Dienstbehörde die Aussage nur in Abwesenheit des Angeklagten genehmigt wurde.[157] Ebenso, wenn ein Zeuge ankündigt, in Anwesenheit des Angeklagten von seinem Zeugnisverweigerungsrecht Gebrauch zu machen. Jedoch genügt der bloße Wunsch des Zeugen, in Abwesenheit des Angeklagten auszusagen, nicht.[158] Bei der Vernehmung von V-Leuten kann die Kenntnisnahme des Angeklagten vom Aussehen des V-Mannes für diesen und ggf. seine Familie eine Lebens- oder Leibesgefahr begründen,[159] so dass auch in solchen Fällen der Angeklagte für den Zeitraum der Vernehmung des V-Mannes aus dem Sitzungssaal entfernt werden kann. Gleiches gilt für die bereits genannte Möglichkeit, die Öffentlichkeit während der Zeugenvernehmung auszuschließen.

Für besonders schutzbedürftige Zeugen, bei denen weder der Ausschluss der Öffentlichkeit noch die Entfernung des Angeklagten dazu geeignet sind, die dringende Gefahr eines schweren Nachteils für das körperliche oder seelische Wohl des Zeugen zu beseitigen, kann der Zeuge außerhalb des Sitzungszimmers per Bild-Ton-Übertragung vernommen werden (§ 247a StPO). Die Gefahr muss jedoch nicht allein von der Gegenwart des Angeklagten in der Hauptverhandlung ausgehen, sondern von der Präsenz der in der Hauptverhandlung Anwesenden.[160] Bei dieser audiovisuellen Vernehmung verbleiben das Gericht und die Prozessbeteiligten im Sitzungssaal und führen von dort die Vernehmung des Zeugen durch.

Bei Sexual-, Tötungsdelikten und Kindesmisshandlungen besteht die Möglichkeit, die Zeugenvernehmung von (besonders schutzwürdigen) kindlichen und jugendlichen (Opfer)Zeugen durch die Vorführung der Videoaufzeichnung (§ 58a StPO) einer früheren Vernehmung zu ersetzen (§ 255a II StPO). Dabei muss es sich aber um eine richterliche Vernehmung gehandelt haben und der Beschuldigte und sein Verteidiger müssen die Gelegenheit gehabt haben, an dieser früheren richterlichen Vernehmung mitzuwirken.

156 *Schmitt,* in: Meyer-Goßner/Schmitt, § 247, Rn. 12.
157 BGHSt 32, 32, 34 ff.
158 BGHSt 22, 18, 21.
159 BGH, NStZ 1993, 350.
160 *Schmitt,* in: Meyer-Goßner/Schmitt, § 247a, Rn. 3.

Tipp:

Im Ermittlungsverfahren sollte darauf geachtet werden, besonders schutzwürdige Zeugen auch durch den Richter vernehmen zu lassen und diese Vernehmung aufzuzeichnen.

Der Zeuge hat weiterhin einen Anspruch auf angemessene Behandlung und Ehrenschutz.[161] Daher sind entehrende Fragen und solche zum persönlichen Lebensbereich grundsätzlich nicht erlaubt. Näheres hierzu findet sich unten bei der ausführlichen Erörterung des Fragerechts.

e) Zeugenentschädigung

Zeugen haben ein Recht auf Entschädigung (§ 71 StPO). Dies richtet sich nach dem Justizvergütungs- und -entschädigungsgesetz (JVEG). Dabei besteht ein Anspruch auf Entschädigung für Verdienstausfall (§ 22 JVEG), erlittene Nachteile bei der Haushaltsführung (§ 21 JVEG), Zeitversäumnis als pauschale Nachteilsentschädigung (§ 20 JVEG), notwendige Fahrtkosten (§ 5 JVEG), Mehraufwand aufgrund der Terminwahrnehmung (§ 6 JVEG) und sonstige notwendige Aufwendungen (§ 7 JVEG). Wird ein Polizeibeamter während der Dienstzeit vernommen, kommt dies zumeist nicht in Betracht. Es liegt regelmäßig kein Verdienstausfall vor, da die Dienstbezüge weiter gezahlt werden. Ebenso wenig besteht bei einer Zeugenvernehmung des Polizeibeamten während der Dienstzeit ein Anspruch auf Entschädigung für Zeitversäumnis, sofern er in dieser Zeit vertreten wird bzw. die versäumte Arbeitszeit nicht nachzuholen hat. Eine Entschädigung nach § 20 JVEG kommt jedoch in Betracht, wenn der Polizeibeamte außerhalb seiner Dienstzeit als Zeuge vernommen wird. So erhält ein im Schichtdienst tätiger Polizeibeamter, der während seiner dienstfreien Zeit als Zeuge vor Gericht vernommen wird, eine Nachteilsentschädigung wegen Wegfalls der Erholung, unabhängig davon, ob der Zeitaufwand als Arbeitszeit anerkannt wird.[162] Die Entschädigungsansprüche muss der Zeuge innerhalb von drei Monaten bei der zuständigen Stelle geltend machen (§ 2 I JVEG).

161 BVerfGE 38, 105, 114 ff.

162 OLG Karlsruhe, Die Justiz 2007, 358.

III. Beweiswert der Zeugenaussage

Zeugenaussagen werden vom Gericht nach dem Grundsatz der freien Beweiswürdigung bewertet, d. h. das Gericht entscheidet *„nach seiner freien, aus dem Inbegriff der Verhandlung geschöpften Überzeugung“* (§ 261 StPO). Bei der Bewertung von Zeugenaussagen ist das Gericht somit frei und nicht an gesetzliche Beweisregeln gebunden. So darf der Richter einem Zeugen glauben, obwohl zwei andere Zeugen das Gegenteil sagen. Auch kann er die Einlassung des Angeklagten für glaubhaft halten, obwohl sie von mehreren Zeugen in Zweifel gezogen wurde. Bei dieser freien Beweiswürdigung ist die richterliche Überzeugungsbildung jedoch keinesfalls willkürlich. Der Beweis muss vom Gericht mit lückenlosen, nachvollziehbaren und logischen, nicht gegen Denkgesetze und Erfahrungsregeln verstoßenden Argumenten geführt werden.[163] Die Beweiswürdigung ist nur fehlerfrei, wenn sie auf einer tragfähigen, verstandesgemäß einsichtigen Tatsachengrundlage beruht. Dabei darf der Tatrichter sich die Sachkunde zur Beurteilung der Glaubhaftigkeit der Aussage ohne Hinzuziehung eines Sachverständigen selbst zutrauen. Er muss jedoch über die erforderliche Sachkunde auf dem Gebiet der Aussagepsychologie verfügen.[164] Insoweit beurteilt auch der Richter Zeugenaussagen nach bestimmten Kriterien, die die Aussagefähigkeit, die Glaubhaftigkeit der konkreten Aussage und auch die Glaubwürdigkeit der Person des Zeugen betreffen. Der Polizeibeamte als Vernehmungsbeamter und als Zeuge vor Gericht sollte mit diesen Kriterien in Grundzügen vertraut sein und dabei seine Sonderrolle als Zeuge vor Gericht berücksichtigen.

1. Der Polizeibeamte als Sonderfall des Zeugen

Der Polizeibeamte gilt traditionell als ein besonders „guter“ Zeuge. Sein Berufsethos bedingt vor Gericht regelmäßig einen Vorschub an Zuverlässigkeit und Glaubwürdigkeit seiner Person. Seine Berufserfahrung in der Ermittlungsarbeit, insbesondere im Vernehmen von Beschuldigten und Zeugen sowie sein wiederholtes Auftreten als Zeuge vor Gericht machen ihn zu einer Art „professionellem Zeugen“, dessen Aussagefähigkeit und Glaubhaftigkeit den Angaben anderer Zeugen oftmals überlegen ist. Diesen berufsbedingt positiven Eigenschaften stehen jedoch ebenso berufsbedingte Gefahren gegenüber. Wie bei der Darstellung der verschiedenen Zeugenrol-

163 BGHSt 29, 18, 20 f.

164 *Schmitt*, in: Meyer-Goßner/Schmitt, § 261, Rn. 4.

len bereits erwähnt, wird der Polizeibeamte oftmals als Zeuge vor Gericht über seine eigene Ermittlungstätigkeit berichten. Diese hat sich gegen den Beschuldigten gerichtet und letztlich zur Anklage geführt. Der Polizeibeamte steht dem Geschehen also keineswegs neutral gegenüber.[165] Die Gefahr einer gewissen Einseitigkeit seiner regelmäßig den Beschuldigten belastenden Aussage ist immanent. Darüber hinaus besteht die Gefahr, dass der Polizeibeamte Fehler oder Lücken in den Ermittlungen bewusst verschweigt, da diese ansonsten auf ihn zurückfallen würden. Hier zeigt sich bei der Beurteilung der Zeugenaussage des Polizeibeamten die Problematik des bereits angesprochenen Rollenwechsels vom Ermittler zum Zeugen.

Merke:

Der Polizeibeamte ist vor Gericht der seltene Fall eines Zeugen, der professionelle Erfahrungen als Vernehmender und Vernommener hat.[166] Daher ist der Polizeibeamte zwar grundsätzlich ein „guter" Zeuge im Sinne eines professionellen Zeugen, jedoch birgt seine Zeugenrolle auch berufsbedingte Gefahren, die Gericht und Verfahrensbeteiligte, in der Praxis zumeist der Verteidiger, bei der Zeugenvernehmung berücksichtigen und klären müssen.

Wird der Polizeibeamte als Zeuge vom Hörensagen über die von ihm im Ermittlungsverfahren durchgeführte Beschuldigtenvernehmung vor Gericht vernommen, so hat das Gericht den Beweiswert dieses weniger sachnahen Beweismittels bei seiner Überzeugungsbildung besonders vorsichtig zu prüfen und zu würdigen.[167] Es handelt sich um einen Beweis, der dem Beweiswert eines Gerüchtes zumindest nicht unähnlich ist.[168] Auch besteht eine erhöhte Gefahr der Entstellung oder Unvollständigkeit in der Wiedergabe von Tatsachen. Dabei kommt den Umständen, unter denen der Zeuge vom Hörensagen die Informationen erhalten hat, erhebliche Bedeutung zu.[169] Bei einer Verhörperson als Zeuge vom Hörensagen spricht zumindest die Tatsache, dass diese die als Zeuge wiedergegebene Vernehmung des Beschuldigten selbst durchgeführt, durch Befragung ergänzt und schriftlich niedergelegt hat, für eine gewisse Richtigkeit und Vollständigkeit der Zeugenangaben.[170] Der Beweiswert der Aussage ist aber regelmäßig geringer als bei einem „unmittelbaren Zeugen".[171] Das Gericht darf dabei auch nicht die Beurteilung des Zeugen vom Hörensagen einfach übernehmen, sondern

165 Ausführlich zur Aussagemotivation *Theune*, S. 146 ff.
166 *Knuf,* S. 33
167 BGHSt 33, 178, 181.
168 *Schwarz,* Der Kriminalist 1994, 242.
169 BGHSt 34, 15, 18.
170 Vgl. BGHSt 17, 382, 385.
171 BGHSt 36, 159, 166.

muss die vom Polizeibeamten berichteten Einzelheiten über die Vernehmung des Beschuldigten selbst kritisch würdigen. Die Gefahr einer zumindest unbewussten Beeinflussung des Gerichts durch den Zeugen vom Hörensagen ist insoweit nicht auszuschließen.[172]

2. Aussagefähigkeit

Die Aussagefähigkeit des Zeugen ist die Fähigkeit, in Bezug auf bestimmte Wahrnehmungen einen konkreten Sachverhalt zutreffend wiederzugeben.[173] Sie betrifft im Kern die Frage, ob der Zeuge den geschilderten Sachverhalt überhaupt wahrnehmen konnte. Einschränkungen können sich beispielsweise aus Alter, Intelligenz oder körperlicher Behinderung sowie aus den äußeren Umständen der Wahrnehmungssituation ergeben. Bezogen auf das konkret wahrgenommene Ereignis gehören hierzu beispielsweise Fragen zur Sehschärfe, zur Entfernung vom Ereignisort, zu den Sichtverhältnissen, zu Hörbeeinträchtigungen in der Person des Zeugen oder durch äußere Störfaktoren. Zu beachten ist, dass Wahrnehmungen oftmals unbewusst mit weiteren Einflüssen verquickt werden und daher subjektiv sind.[174] So hat der Polizeibeamte, der vor Gericht über die von ihm durchgeführte Beschuldigtenvernehmung berichtet, möglicherweise nach der Vernehmung des Beschuldigten Unterhaltungen mit anderen Beteiligten, beispielsweise mit Kollegen oder dem Staatsanwalt über das Ermittlungsverfahren geführt und weitere Ermittlungserkenntnisse, wie belastende Zeugenaussagen oder einschlägige Vorstrafen des Beschuldigten, erlangt.

Tipp:

Der Polizeibeamte sollte daher schon bei der Vorbereitung seiner Zeugenaussage versuchen, möglichst sorgfältig zwischen der Erinnerung an die eigentliche Vernehmung und den außerhalb der Vernehmung gewonnenen Erkenntnissen zu trennen.

Eine weitere Einschränkung der Aussagefähigkeit liegt darin, dass zwischen der Wahrnehmungszeit des Geschehens (z.B. der Beschuldigtenvernehmung) und der Vernehmungszeit vor Gericht regelmäßig ein langer Zeitraum liegt. Dadurch ist die Erinnerung meist verblasst oder der Zeuge kann sich kaum oder gar nicht mehr erinnern. Diese Hemmung der Gedächtnisinhalte

172 Vgl. OLG Koblenz, StV 2007, 519, 520.

173 *Eisenberg,* Rn. 1362.

174 *Eisenberg,* Rn. 1363.

beruht insbesondere auf anderen Informationen, die die betreffende Person in ihr Gedächtnis aufgenommen hat.[175] Solche Störfaktoren blockieren den Abruf der gewünschten Information. Dies ist gerade bei Routinebegebenheiten eines Polizeibeamten, wie der Vernehmung eines Beschuldigten oder der Beobachtung eines alltäglichen Tatgeschehens, besonders häufig anzutreffen. Diese alltäglichen Vorgänge überlagern sich im Gedächtnis, so dass der Polizeibeamte sich an die konkrete Begebenheit nach längerer Zeit nicht mehr vollständig erinnern kann.[176] Dem soll in der Praxis durch die bereits erörterte Vorbereitungspflicht des Polizeibeamten entgegengewirkt werden. Die Verschmelzung der auf diese Weise aufgefrischten Erinnerung mit im Gedächtnis bereits vorhandenen und/oder nachträglich erlangten Informationen ist jedoch immanent und kann folglich die Aussagefähigkeit und damit auch den Beweiswert der Zeugenaussage mindern. Dessen sollte der Polizeibeamte sich bei seiner Aussage stets bewusst sein.

3. Glaubhaftigkeit und Glaubwürdigkeit

Glaubhaftigkeit und Glaubwürdigkeit sind voneinander zu unterscheiden: Die Glaubhaftigkeit einer Aussage bezieht sich auf den Inhalt derselben. Die Glaubwürdigkeit betrifft die Person des Aussagenden im Sinne einer Wahrheitsliebe dieser Person. Die Glaubwürdigkeit eines Zeugen erlaubt keinen zwingenden Rückschluss auf die Glaubhaftigkeit seiner Aussage. Umgekehrt können auch unglaubwürdige Personen die Wahrheit sagen, so dass der Glaubwürdigkeit einer Person eine wesentlich geringere Bedeutung zukommt als der Glaubhaftigkeit der Aussage dieser Person. Teilweise wird die Glaubhaftigkeit auch als „spezielle Glaubwürdigkeit" und die personenbezogene Glaubwürdigkeit als „allgemeine Glaubwürdigkeit" bezeichnet. Hier soll jedoch an den treffenderen Begriffen der Glaubhaftigkeit der Aussage und der Glaubwürdigkeit des Aussagenden festgehalten werden.

a) Glaubwürdigkeitsüberprüfung

Der Zeuge muss sich Fragen gefallen lassen, die der Überprüfung seiner Glaubwürdigkeit in der vorliegenden Sache oder ganz allgemein als Teil der persönlichen Zuverlässigkeit dienen (§ 68a II StPO). So hängt der Wert des Zeugenbeweises auch von der Persönlichkeit, dem Lebenslauf, dem Charakter und den Beweggründen des Zeugen ab. Mit der Frage der Glaubwür-

175 *Bender/Nack/Treuer,* Rn. 122 ff.
176 *Bender/Nack/Treuer,* Rn. 1421.

digkeit im Zusammenhang stehen Auffassungsvermögen, Urteilsfähigkeit, Gedächtnisstärke und persönliche Zuverlässigkeit des Zeugen sowie seine Fähigkeit, streng sachlich zu berichten.[177] Diese Glaubwürdigkeitsüberprüfung der Person des Zeugen lässt jedoch keine brauchbaren Schlussfolgerungen zur Beurteilung der Glaubhaftigkeit der Aussage zu, da auch derjenige, der oft lügt, in einem konkreten Fall die Wahrheit sagen kann und umgekehrt. Entgegen dieser wissenschaftlich gesicherten Erkenntnis der Aussagepsychologie spielt in der täglichen Rechtspraxis vor Gericht aber auch die Glaubwürdigkeit der Person eine nicht zu unterschätzende Rolle. Entscheidende Bedeutung kommt jedoch der Glaubhaftigkeitsanalyse der Aussage zu.

b) Glaubhaftigkeitsanalyse

Das Gericht kann zur Klärung der Glaubhaftigkeit ein Sachverständigengutachten einholen.[178] Stimmt der Zeuge einer Begutachtung nicht zu, kann das Gericht den Sachverständigen zur Vernehmung des Zeugen in der Hauptverhandlung hinzuziehen.[179] Der Sachverständige kann dann ergänzende Fragen stellen und anschließend sein Gutachten abgeben. Bei der Beurteilung der Glaubhaftigkeit einer Aussage wird von der Annahme ausgegangen, dass Aussagen über selbst erlebte Ereignisse sich qualitativ von erfundenen Aussagen unterscheiden.[180] Dieser Unterschied soll sich mit Hilfe sog. Glaubhaftigkeitsmerkmale oder Realkennzeichen erkennen lassen.[181] Mag die Methode durchaus umstritten sein,[182] so geht auch der BGH und damit die Rechtspraxis seit der Grundsatzentscheidung aus dem Jahr 1999 von der sog. Nullhypothese aus.[183] Danach gilt jede Aussage so lange als unwahr, bis diese Vermutung durch die Zahl und Qualität der Glaubhaftigkeitsmerkmale der Aussage nicht mehr aufrechtzuerhalten ist.[184] Zu diesen Merkmalen zählen u.a. innere Homogenität der berichteten Ereignisse im Sinne einer Widerspruchsfreiheit sowie unstrukturierte Darstellung und quantitativer Detailreichtum der Schilderung. Auch der Aussage-

177 BGHSt 32, 115, 127 f.

178 Grundlegend zu den wissenschaftlichen Anforderungen BGHSt 45, 164 ff.

179 BGHSt 23, 1, 2.

180 Sog. „Undeutsch-Hypothese". Hierzu *Bender/Nack/Treuer,* Rn. 283.

181 Hierzu *Arntzen,* S. 15 ff. Eine Übersicht der Glaubhaftigkeitsmerkmale verschiedener Autoren findet sich bei *Eisenberg,* Rn. 1427c.; eine Kurzliste von Glaubhaftigkeitsmerkmalen bieten *Hermanutz/Litzcke/Kroll,* S. 52 ff.

182 Hierzu *Eisenberg,* Rn. 1427 f. u. 1469 f.

183 BGHSt 45, 164, 168.

184 Zum methodischen Vorgehen *Hermanutz/Litzcke/Kroll,* S. 46 ff.

stil ist ein Glaubhaftigkeitsmerkmal. Hierzu gehören insbesondere das Einräumen von Erinnerungslücken oder spontane Verbesserungen der eigenen Aussage. Dabei haben die einzelnen Merkmale für sich genommen eine geringe Gültigkeit und werden erst durch ihr Zusammenwirken aussagekräftig.[185] Auch die Anzahl der festgestellten Glaubhaftigkeitsmerkmale darf nicht schematisch erfolgen, sondern muss in Bezug zu den individuellen Fähigkeiten und Besonderheiten des Zeugen gesetzt werden.[186]

Neben den genannten, sich auf den Inhalt der Aussage beziehenden Glaubhaftigkeitsmerkmalen muss auch die Aussagemotivation berücksichtigt werden. Die Frage, ob beispielsweise Beweggründe, wie Geltungs- oder Rachebedürfnis, sexuelles Wunschdenken, Not und Verlegenheit oder Hilfsbereitschaft, für eine falsche oder unvollständige Aussage vorhanden sind, ist relevant für die Beurteilung der Glaubhaftigkeit.[187] Ein insoweit motivationsloser Zeuge wäre daher ideal, jedoch in der Praxis kaum vorstellbar. Dies muss gerade auch bei Polizeibeamten beachtet werden, die oftmals als Zeuge die Qualität ihrer Ermittlungstätigkeit überprüfen lassen müssen und daher regelmäßig – nachvollziehbar – die Bestätigung ihres Ermittlungsergebnisses durch das Gericht erwarten. Obwohl dies keine verlässlichen Indikatoren sind,[188] wird in der Praxis auch die Person des Zeugen zur Beurteilung der Glaubhaftigkeit der Aussage herangezogen, indem das Verhalten des Zeugen vor Gericht einbezogen wird. Hierzu zählen beispielsweise das äußere Erscheinungsbild des Zeugen, die Art der verbalen Äußerungen und der Grad seiner Nervosität, mithin sein gesamtes Aussageverhalten. Für die Glaubwürdigkeit eines Zeugen sprechen beispielsweise Kontaktfreudigkeit und Aufgeschlossenheit, während ein altkluges, trotziges und abweisendes Verhalten Anhaltspunkte für die Unglaubwürdigkeit eines Zeugen sind.[189]

---

185 Ein praktisches Beispiel einer Zeugenvernehmung zur Inhaltsanalyse mittels Realkennzeichen findet sich bei *Wendler/Hoffmann*, Rn. 155.

186 *Litzcke/Hermanutz*, in: dies., S. 26.

187 Ausführlich *Arntzen*, S. 93 ff.

188 Vgl. *Eisenberg*, Rn. 1426.

189 *Eisenberg*, Rn. 1438a.

Tipp:

Der Polizeibeamte sollte als Zeuge in der Lage sein, einen geordneten, in sich verständlichen, detaillierten, widerspruchslosen und präzisen Sachvortrag abzugeben. Sofern nicht danach gefragt wird, darf er keine (berufsbedingten) Schlussfolgerungen oder gar rechtlichen Wertungen abgeben, sondern muss sich auf die eigentliche Zeugenaufgabe konzentrieren, nämlich die Bekundung von wahrgenommenen Tatsachen. Dabei sollte er den Verfahrensbeteiligten stets aufgeschlossen gegenübertreten und auch bei kritischen Fragen diese – soweit möglich – sachlich, detailliert und vollumfänglich beantworten. Erinnerungslücken müssen eingeräumt und nicht durch Hypothesen, wie es aufgrund der Berufserfahrung gewesen sein könnte,[190] ersetzt werden. Der Vorsitzende kann gebeten werden, zur Gedächtnisauffrischung Vorhalte aus der Akte zu machen.

190 Zu solchen Aussageverfälschungen *Bender/Nack/Treuer*, Rn. 193 ff.

4. Kapitel
Die Vernehmung des Polizeibeamten vor Gericht

Wie jedem Polizeibeamten aus selbst durchgeführten Zeugenvernehmungen bekannt sein sollte, gliedert sich die Aussage des Zeugen in Angaben zur Person und zur Sache. In der Hauptverhandlung kommt bei Zeugenaussagen von Polizeibeamten gerade dem Fragerecht der Verfahrensbeteiligten, namentlich der Verteidigung eine große Bedeutung zu, da sich der Polizeibeamte hier oftmals mit kritischen Fragen konfrontiert sieht. Vor der Vernehmung liegt jedoch zunächst die Wartezeit vor dem Sitzungssaal, bei der einige Dinge zu beachten sind. Auch das äußerliche Auftreten des polizeilichen Zeugen vor Gericht sollte korrekt sein.

I. Warteposition

Vor und während der Hauptverhandlung müssen Zeugen außerhalb des Sitzungssaals auf ihren Aufruf warten. Hierbei kommt es teilweise zu langen Wartezeiten, auf die das Gericht nur bedingt Einfluss hat. So kann sich beispielsweise durch unerwartete Anträge der Verfahrensbeteiligten der vom Gericht zunächst anvisierte Vernehmungszeitpunkt für den Zeugen erheblich verschieben. Auch kann es durch ein unerwartetes Geständnis des Angeklagten oder aber eine Einstellung des Verfahrens nach § 153a II StPO dazu kommen, dass Zeugen, die bereits lange vor dem Sitzungszimmer auf ihre Vernehmung warten, nicht mehr gehört werden müssen und ohne Vernehmung vom Vorsitzenden entlassen werden. Dies lässt sich jedoch zumeist nicht verhindern und sollte daher vom polizeilichen Zeugen von vornherein eingeplant werden.

Tipp:

Während der Wartezeit sollte der Polizeibeamte es tunlichst vermeiden, mit anderen Zeugen oder Personen, beispielsweise anwesenden Kollegen, über die Sache zu sprechen. Das könnte nämlich den Verdacht einer Zeugenabsprache nahelegen und entsprechende Beweisanträge der Verteidigung oder kritische Fragen des Gerichts und der Verfahrensbeteiligten bewirken.

Durch solche Gespräche mit Kollegen und anderen Zeugen wird die individuelle Erinnerung an einzelne Wahrnehmungen durch die Gruppenerinnerung überlagert und Vorurteile innerhalb der Gruppe können verstärkt werden.[191] Die Aussage verliert dadurch ihre Objektivität und Selbständigkeit. Der Zeuge macht sich möglicherweise unglaubwürdig und seine Aussage wenig glaubhaft. Sofern die Vernehmung des Zeugen über mehrere Verhandlungstage andauert oder Kollegen noch als Zeugen in dem Strafverfahren aussagen müssen, sollte aus den genannten Gründen auch eine dienstliche Nachbesprechung der getätigten Aussage unter Anwesenheit dieser Kollegen stets unterbleiben.

II. Äußerliches Auftreten

Die Bedeutung seines äußeren Auftretens als Zeuge vor Gericht sollte der Polizeibeamte nicht unterschätzen. Das äußere Auftreten des Zeugen ist der erste Eindruck, den das Gericht und die Verfahrensbeteiligten vom Zeugen erhalten. Dieser Eindruck wird sich regelmäßig bewusst oder unbewusst auf die Würdigung des Zeugen und seiner Aussage auswirken. Letztlich ist der äußerliche Auftritt des Zeugen ein Teil des Gesamtbildes, das er dem Gericht mit seiner Aussage vermittelt. Darüber hinaus gebieten die Würde des Gerichts (vgl. § 178 I GVG) und auch die Beamtenpflichten (vgl. §§ 61 I 3 BBG; § 34 Satz 3 BeamtStG)[192] ein äußerlich korrektes Auftreten des Polizeibeamten. Wird der Polizeibeamte während seiner Dienstzeit vernommen, so sollte er in Uniform erscheinen bzw. als Kriminalbeamter in entsprechend ordentlicher Kleidung. Dabei muss er nicht Anzug und Krawatte tragen, sondern kann auch sportlich, beispielsweise mit Jeans und Oberhemd bekleidet, auftreten. Vermieden werden sollten hingegen Auftritte mit Shorts, offenem Hemd und Flip-Flops etc.[193] Weiterhin sollten bestimmte Benimmregeln eingehalten werden. So das Aufstehen beim erstmaligen Betreten des Sitzungssaals durch das Gericht oder das Unterlassen von Kaugummikauen bei der Vernehmung. Während seiner Zeugenvernehmung durch den Vorsitzenden sollte der Polizeibeamte auch seinen Blick dem Gericht zuwenden und nicht etwa aus dem Fenster starren. Stellen die Verfahrensbeteiligten Fragen an den Zeugen, sollte er den Fragenden ansehen und seine Antwort auch mit der Blickrichtung zu diesem geben. Dies gilt grundsätzlich auch bei Fragen des Verteidigers oder des Angeklagten. Die teilweise in der Literatur[194] empfohlene Verhaltensweise, den Verteidi-

191 *Bender/Nack/Treuer,* Rn. 1431.

192 Für Baden-Württemberg in PDV 350 Nr. 97 geregelt.

193 Abschreckende Beispiele bei *von Prondzinski,* DPolBl.. 2011, 28, 29.

194 *Schermer,* Deutsche Polizei 1977, 19, 20; mit Einschränkung auch *Hücker,* S. 86 u. *Trurnit,* Kriminalistik 2009, 425, 428.

ger dabei nicht anzusehen, verstärkt letztlich nur den Konflikt und sollte daher nach Möglichkeit unterbleiben. Letztlich gehört zu einem ordentlichen Auftreten vor Gericht auch ein respektvoller Umgang mit den Verfahrensbeteiligten und damit auch mit dem Verteidiger.

III. Angaben zur Person und zur Sache

Zeugen werden einzeln und in Abwesenheit der weiteren zu hörenden Zeugen vernommen (§ 58 I StPO). Ausnahme ist eine Gegenüberstellung mit anderen Zeugen (§ 58 II StPO).

1. Vernehmung zur Person

Die Vernehmung des Zeugen beginnt mit der Vernehmung zur Person (§ 68 StPO), welche die Fragen nach Vor- und Nachnamen, Alter, Beruf und Wohnort umfassen. Beim Wohnort ist die genaue postalische Adresse und nicht nur die Stadt anzugeben, da mit dieser Angabe eine ladungsfähige Anschrift gemeint ist (vgl. § 68 II 1 StPO).[195] Bestehen an der Identität des Zeugen keine Zweifel und hat sich seine Adresse seit der Zeugenladung nicht geändert, erfragt das Gericht in der Praxis jedoch zumeist nur den Wohnort. Hat der Polizeibeamte seine Wahrnehmung in dienstlicher Eigenschaft gemacht, kann anstelle der Wohnanschrift die dienstliche Erreichbarkeit angegeben werden (§ 68 I 2 StPO). Eine Verpflichtung zur zusätzlichen Angabe des Wohnortes besteht grundsätzlich nicht.

Tipp:

Fragt der Verteidiger nach dem Wohnort oder nach den Gründen für das Verschweigen des Wohnortes, braucht der Polizeibeamte zunächst unter Hinweis auf die Wahrnehmungen in dienstlicher Eigenschaft diese Frage nicht weiter zu beantworten. Letztlich muss dann der Vorsitzende über die Beantwortung der Frage entscheiden.[196]

Auch bei privater Kenntniserlangung besteht diese Möglichkeit, sofern bei Angabe des Wohnortes Anlass zur Besorgnis der Gefährdung für den Zeugen oder einen Dritten oder einer unlauteren Beeinflussung dieser Personen besteht (§ 68 II 1 StPO). Diese Besorgnis kann sich aus kriminalistischen und

195 LR-*Ignor/Bertheau*, 27. Aufl., § 68, Rn. 6; *Schmitt*, in: Meyer-Goßner/Schmitt, § 68, Rn. 8; a. A. KK-*Slawik*, § 68, Rn. 5, der die Ortsangabe genügen lassen will.

196 Näheres zum Fragerecht unten 4. Kapitel IV.

kriminologischen Erfahrungstatsachen ergeben: Beispielsweise wenn Polizeibeamte und Belastungszeugen in Verfahren gegen Personen aus der organisierten Kriminalität oder terroristischen Vereinigungen durch auf freiem Fuß befindliche Mitglieder oder Sympathisanten gefährdet werden.[197] Bei Gefahr für Leib, Leben oder Freiheit kann dem Zeugen sogar gestattet werden, überhaupt keine Angaben zur Person zu machen oder zumindest nur über eine frühere Identität (§ 68 III 1 StPO). In diesen Fällen besteht auch die Möglichkeit, dass der Zeuge sein Gesicht ganz oder teilweise verhüllt (§ 68 III 3 StPO).[198] Dies hat insbesondere für Verdeckte Ermittler, die vor Gericht aussagen müssen und dadurch eine Enttarnung befürchten, Bedeutung. Sie müssen jedoch auf Befragen diese Eigenschaft offenbaren, sofern ihre Bekundungen als Zeuge mit dem Einsatz als Verdeckter Ermittler in Zusammenhang stehen (§ 68 III 2 StPO). In Fällen des § 68 III 1 StPO werden die Unterlagen zur Identitätsfeststellung bei der Staatsanwaltschaft verwahrt und erst zu den Akten genommen, wenn die Gefährdung entfällt (§ 68 IV StPO). Darüber hinaus besteht neben der schon erörterten Sperrerklärung und dem Ausschluss des Angeklagten sowie der Öffentlichkeit bei besonders gefährdeten Zeugen auch die Möglichkeit einer optisch und akustisch abgeschirmten audiovisuellen Vernehmung nach § 247a StPO, bei welcher der Zeuge sich an einem anderen Ort befindet und eine Bild-Ton-Direktübertragung in die Hauptverhandlung stattfindet. Nach neuerer Rechtsprechung sind auch bei unmittelbar persönlicher Vernehmung optische und akustische Verfremdungen des Zeugen erlaubt.[199]

2. Vernehmung zur Sache

Auf die Vernehmung zur Person folgt die Vernehmung zur Sache, die rechtlich verbindlich in Bericht (§ 69 I 1 StPO) und Verhör (§ 69 II StPO) unterteilt ist. Das ist wichtig, um den Beweiswert einer Zeugenaussage beurteilen zu können. Hierzu muss nämlich erkennbar sein, was der Zeuge aus eigener Erinnerung selbständig zu berichten weiß und woran er sich erst durch Auffrischung seines Gedächtnisses mittels Fragen und Vorhalt erinnert.[200] Aus diesem Grund sollte der Polizeibeamte bei seiner Zeugenaussage auch stets deutlich machen, welcher Teil seiner Bekundungen ihm erst durch die Vorbereitung wieder in Erinnerung gerufen wurde. Fragen hierzu muss der Zeuge selbstverständlich wahrheitsgemäß beantworten.

---

197 LR-*Ignor/Bertheau*, 27. Aufl., § 68, Rn. 10.

198 Vgl. auch § 176 II 2 GVG.

199 BGH, NJW 2003, 74 ff.

200 BGHSt 3, 281, 284.

a) Bericht

Der Zeuge soll zunächst möglichst ungestört von Fragen und Vorhalten im Zusammenhang berichten. Darauf hat jeder Zeuge einen Anspruch.[201] Hierdurch soll sichergestellt werden, dass der Zeuge möglichst unbeeinflusst von Gericht und Verfahrensbeteiligten sein Wissen artikuliert. Schweift er allerdings zu sehr ab oder bekundet offensichtlich Unwahres, darf das Gericht durch Vorhalte und lenkende Zwischenfragen den Bericht unterbrechen.[202] Für polizeiliche Zeugen bedeutet dies, dass sie nicht – wie teilweise in der Praxis üblich – sogleich auf die in den Akten befindlichen Protokolle verweisen können, sondern zunächst einmal aus ihrer Erinnerung möglichst zusammenhängend berichten müssen. Der Verteidiger – wie auch die anderen Verfahrensbeteiligten – dürfen diese Ausführungen nicht durch Zwischenfragen oder Anmerkungen unterbrechen.

Tipp:

Da der Polizeibeamte regelmäßig vorher weiß, worüber er in der Hauptverhandlung aussagen muss, sollte er seinen Bericht bereits im Rahmen der Vorbereitung seiner Zeugenaussage gedanklich zumindest grob gliedern. Dies macht den Bericht in der Hauptverhandlung für Gericht und Verfahrensbeteiligte verständlicher, erspart möglicherweise viele Rückfragen, beugt Missverständnissen vor und stärkt letztlich den Beweiswert der Aussage.

b) Verhör

Im anschließenden Verhör werden Fragen gestellt und Vorhalte gemacht. Dadurch sollen die Bekundungen des Zeugen vervollständigt, präzisiert und überprüft werden. Insbesondere dient dies zur Erforschung des Grundes, auf dem das Wissen des Zeugen beruht.[203] Hierzu gehören typische Fragen wie *„Haben Sie das selber gesehen?“*, *„Wer hat Ihnen das erzählt?“*.[204] Wegen der großen Bedeutung des Fragerechts gerade auch bei der Vernehmung von Polizeizeugen wird auf die Einzelheiten im folgenden Abschnitt gesondert eingegangen und hier zunächst nur der Vorhalt und seine rechtliche Bedeutung behandelt.

---

201 BVerfGE 38, 105, 117.

202 KK-*Slawik,* § 69, Rn. 4; einschränkend LR-*Ignor/Bertheau,* 27. Aufl., § 69, Rn. 7.

203 *Eisenberg,* Rn. 1302.

204 Weitere Beispiele bei *Roxin/Schünemann,* § 26, Rn. 57.

aa) Vorhalt

Das Gericht muss den Zeugen beim Bemühen, wahrheitsgemäß auszusagen, unterstützen. Dazu kann es erforderlich sein, zur Auffrischung des Erinnerungsbildes einen Vorhalt aus den dem Gericht vorliegenden Unterlagen zu machen.[205] Hierbei kann der Vorsitzende aus seiner Kenntnis der Akten mit eigenen Worten oder durch wörtliche Wiedergabe dem Zeugen Vorhalte machen. Vorgehalten werden können Beweisgegenstände, frühere Aussagen sowie Angaben anderer Auskunftspersonen, sonstige Beweisergebnisse, eigenes Wissen des Vernehmenden und offenkundige Tatsachen.[206] So kann der Vorsitzende dem Polizeizeugen beispielsweise Passagen aus dem Protokoll der polizeilichen Beschuldigtenvernehmung als Gedächtnisstütze vorhalten, indem er sie wörtlich vorliest. Auch können dem Zeugen Lichtbilder, Skizzen und Zeichnungen aus den Akten vorgehalten und gezeigt werden.[207] Ebenso können Tonbänder und andere audio-visuelle Aufzeichnungen abgespielt werden.[208] Die Initiative hierzu kann vom Gericht, aber auch vom Zeugen selbst ausgehen, wenn dieser erklärt, dass er sich ohne eine Gedächtnisstütze nicht erinnern könne. Die Vernehmungshilfen dürfen jedoch erst erfolgen, wenn für das Gericht deutlich geworden ist, was der Zeuge ohne diese Hilfen bekunden kann.[209]

bb) Rechtliche Bedeutung von Vorhalt und Verlesung

Alleinige Beweisgrundlage bleibt die Aussage des Zeugen vor Gericht. Durch den Vorhalt als Gedächtnisstütze wird nicht das Schriftstück selbst, etwa das polizeiliche Vernehmungsprotokoll, Beweismittel im Sinne eines Urkundenbeweises, sondern einzig die auf den Vorhalt erfolgte Aussage des Zeugen.[210] Ansonsten wären die bereits erörterten Grundsätze der Unmittelbarkeit und Mündlichkeit verletzt. Durch den Vorhalt soll lediglich die Erinnerung des Zeugen aufgefrischt und verbessert werden. Der Beweiswert der Zeugenaussage liegt dann in dem, woran der Zeuge sich nunmehr vor Gericht erinnern kann, und nicht in dem, was der Vorsitzende dem Zeugen als Vorhalt beispielsweise aus der Akte vorgelesen hat.

---

205 BGHSt, 3, 281, 282 f.

206 *Schmitt*, in: Meyer-Goßner/Schmitt, § 69, Rn. 7.

207 BGHSt 18, 51, 53.

208 Vgl. BGHSt 14, 339, 340.

209 BGHSt 3, 281, 284.

210 BGHSt 3, 281, 284.

Merke:

Beruft sich der Polizeibeamte darauf, dass er sich zwar nicht erinnern könne, aber den Vorgang in die Ermittlungsakte so aufgenommen habe, wie er gewesen sei, kann eine solche Zeugenaussage lediglich noch als ein Beweisanzeichen (Indiz) vom Gericht gewürdigt werden.[211] Der Inhalt des Protokolls darf hingegen nicht verwertet werden.[212]

Die teilweise in der Literatur anzutreffende Ansicht, „*dass der BGH ... für das Massenphänomen Straßenverkehrsdelinquenz den Polizeibeamten von dem Druck, die Anzeige substantiiert vertreten zu müssen, befreit hat*",[213] geht in der Schlussfolgerung fehl. In der von dieser Ansicht zitierten BGH-Entscheidung[214] hat der Polizeibeamte ausgesagt, er könne sich an den von ihm angezeigten Vorgang zwar nicht mehr erinnern, würde aber den Verkehrsteilnehmer unter den von diesem behaupteten Umständen nicht angezeigt haben. Hierzu hat der BGH lediglich ausgeführt, dass eine solche polizeiliche Zeugenaussage durchaus verwertbar sei und insoweit der richterlichen Beweiswürdigung unterliege. Für eine Verurteilung reiche jedoch allein eine solche Angabe eines Polizeibeamten nicht aus.[215] In dem konkreten Fall war Grundlage der Entscheidung eben auch nicht diese Angabe des Polizeibeamten, sondern die Einlassung der Betroffenen.

Protokollverlesung nach § 253 StPO

Einzige Ausnahme von diesen Grundsätzen bildet die Protokollverlesung einer früheren Vernehmung eines Zeugen (§ 253 StPO), aber nicht der Verhörperson des Zeugen.[216] Danach kann aber erst verfahren werden, wenn der Zeuge vollständig vernommen und ihm erforderlichenfalls Vorhalte als Vernehmungshilfe gegeben worden sind, er sich aber trotzdem nicht mehr an Inhalte seiner früheren Aussage als Zeuge erinnern kann. In diesem Fall können die Teile des Protokolls seiner früheren Zeugenaussage, an die er sich nicht mehr erinnern kann, verlesen und damit als Urkundenbeweis in die Hauptverhandlung eingeführt werden.[217] Der Unmittelbarkeitsgrundsatz wird insoweit ausnahmsweise durchbrochen. Dabei können alle richterlichen und nichtrichterlichen Vernehmungen des Zeugen verlesen wer-

---

211 BGHSt 23, 213.

212 BGHSt 14, 310, 312 f.

213 *Grohmann/Schulz,* DAR 1980, 74, 76 f.; *Krüger,* Kriminalistik 1978, 289, 290; *Kube,* DRiZ 1979, 38, 40; *Kube/Leineweber,* S. 16

214 BGHSt 23, 213.

215 BGHSt 23, 213, 219 f.

216 *Schmitt,* in: Meyer-Goßner/Schmitt, § 253, Rn. 7.

217 BGHSt 20, 160, 162.

den.[218] Nicht verlesbar sind jedoch Protokolle, die der polizeiliche Zeuge als Vernehmungsbeamter angefertigt hat, da diese Protokolle nicht eine Zeugenaussage des Polizeibeamten beinhalten. Nur wenn der Polizeibeamte selbst zuvor als Zeuge im Ermittlungsverfahren bereits vernommen wurde, darf dieses Vernehmungsprotokoll über die Zeugenaussage des Polizeibeamten unter den genannten Voraussetzungen durch Verlesen als Urkundenbeweis vor Gericht verwertet werden. Ersetzt wird insoweit durch den Urkundenbeweis nur die Vernehmung der Verhörperson der früheren Zeugenvernehmung. Keinesfalls kann ein polizeiliches Protokoll einer Beschuldigtenvernehmung auf diesem Wege als Urkundenbeweis genutzt werden. Diesbezüglich verbleibt es beim oben erörterten Unmittelbarkeitsgrundsatz und damit bei der Verhörperson als Zeuge vom Hörensagen. Kann diese sich nicht erinnern, so gibt es keinen vom Gericht bei der Urteilsfindung zu berücksichtigenden Beweis für den Inhalt des polizeilichen Vernehmungsprotokolls.

Verlesung von Erklärungen nach § 256 I Nr. 5 StPO

Nach § 256 I Nr. 5 StPO besteht zwar die Möglichkeit der Verlesung von Erklärungen der Strafverfolgungsbehörden, jedoch bezieht sich diese Norm nur auf Protokolle und Vermerke über Routinevorgänge wie Beschlagnahmen, Festnahmen, Spurensicherungen, Sicherstellungen oder Hausdurchsuchungen, bei denen der Polizeibeamte in der Hauptverhandlung kaum mehr als das bekunden kann, was in dem entsprechenden Protokoll bereits schriftlich enthalten ist.[219] Vernehmungen sind hingegen von der Verlesungsmöglichkeit ausdrücklich ausgeschlossen. Dabei ist der Vernehmungsbegriff weit auszulegen und umfasst beispielsweise auch informatorische Befragungen, Vernehmungsvermerke[220] und polizeiliche Schlussberichte über die Vernehmungsergebnisse.[221]

IV. Das Fragerecht

Das Fragerecht des Gerichts und der Verfahrensbeteiligten führt zu einer direkten Konfrontation des Zeugen mit dem jeweils Fragenden und stellt für den Zeugen eine besondere psychische Situation dar. Oftmals empfinden Zeugen die Befragung als sehr belastend. Hieraus können sich Konflik-

218 *Schmitt*, in: Meyer-Goßner/Schmitt, § 253, Rn. 7.
219 OLG Düsseldorf, StV 2007, 518, 519.
220 Hierzu *Keller*, DPolBl. 2011, 17,19 f.
221 *Schmitt*, in: Meyer-Goßner/Schmitt, § 256, Rn. 27.

te zwischen dem Zeugen und dem Fragenden entwickeln, die sich auf den Beweiswert der Zeugenaussage auswirken. Bei der Vernehmung von Polizeibeamten ergibt sich diese Situation häufig bei Fragen des Verteidigers. Für ein möglichst souveränes und sachliches Verhalten ist es daher notwendig, dass der Polizeibeamte Grundkenntnisse im Fragerecht hat.

1. Grundsätze zum Fragerecht

Vor der Darstellung unzulässiger bzw. problematischer Fragen müssen zunächst die Ausübung des Fragerechts sowie die Möglichkeiten der Beanstandung einer Frage und die damit zusammenhängenden Gefahren erläutert werden.

a) Ausübung des Fragerechts

Wie bereits ausgeführt,[222] steht das Fragerecht zunächst dem Vorsitzenden zu, da er die Vernehmung führt und leitet (§ 238 I StPO). Sodann können auch die beisitzenden Richter sowie die Verfahrensbeteiligten ihr Fragerecht ausüben (§ 240 StPO). Dabei erteilt der Vorsitzende aufgrund seiner Verhandlungsleitung den jeweiligen Verfahrensbeteiligten das Fragerecht. Er kann jedoch nicht verlangen, dass ihm vorher mitgeteilt wird, welche Fragen gestellt werden, oder dass Fragen nur indirekt über ihn gestellt werden.[223] Hinsichtlich der Reihenfolge des Fragerechts ist der Vorsitzende bei der Erteilung desselben nicht gebunden.[224] In der Praxis erhalten regelmäßig zunächst die beisitzenden Berufs- und Laienrichter, dann der Staatsanwalt, anschließend der Verteidiger und/oder der Angeklagte und danach der Nebenkläger das Fragerecht. Je nach prozessualer Zweckmäßigkeit kann hiervon jedoch abgewichen werden.[225] Die in § 239 I StPO vorgesehene Möglichkeit eines Kreuzverhörs, bei dem nicht der Vorsitzende zunächst die Zeugen vernimmt und den Verfahrensbeteiligten dann das Fragerecht einräumt, sondern Staatsanwaltschaft und Verteidigung „ihre Zeugen" selbst vernehmen, hat in der deutschen Rechtspraxis keine Bedeutung.

Wie bei den Zeugenpflichten ausgeführt, muss der Zeuge grundsätzlich alle Fragen des Gerichts und der Verfahrensbeteiligten beantworten. Dabei darf der Vorsitzende den Fragenden auch nicht unterbrechen, da das Fragerecht nur dann sinnvoll und effektiv ausgeübt werden kann, wenn alle zu-

222 Siehe 2. Kapitel I. 4.

223 RGSt 38, 57, 58.

224 BGH, NJW 1969, 437 f.

225 Beispiele bei LR-*Becker,* 27. Aufl., § 240, Rn. 12.

lässigen Fragen im Zusammenhang gestellt werden können.[226] Versteht der polizeiliche Zeuge eine Frage inhaltlich nicht, beispielsweise weil der Fragende dem Zeugen nicht bekannte Fremdwörter benutzt, so sollte der Polizeibeamte sich nicht scheuen, diese vom Fragenden zunächst erklären zu lassen. Der Vorsitzende kann ungeeignete oder nicht zur Sache gehörende Fragen[227] zurückweisen (§ 241 II StPO). In der Praxis wird der Vorsitzende die Frage zumeist nicht sofort zurückweisen, sondern seine Bedenken dem Fragenden mitteilen und ihn auffordern, die Frage fallen zu lassen oder aber abzuändern bzw. in geeigneter Form neu zu stellen. Auch besteht die Möglichkeit, den Fragenden aufzufordern, den Zweck der Frage zu erklären. Das Mitprotokollieren der Fragen und Antworten durch die Fragenden, wie beispielsweise den Verteidiger, ist erlaubt. Hierbei kann der Verteidiger sich auch einer Schreibhilfe bedienen oder aber bei mehreren Verteidigern die Fragen und Antworten von den Kollegen mitprotokollieren lassen.[228]

b) Beanstandung von Fragen

Eine an den Zeugen gerichtete Frage kann darüber hinaus von allen an der Verhandlung Beteiligten, d. h. von den oben genannten Verfahrensbeteiligten und auch vom Zeugen selbst, beanstandet werden. Für den Zeugen, der mit einer ungeeigneten und daher nicht zulässigen Frage konfrontiert wird, bedeutet dies: Greift der Vorsitzende nicht ein, so muss der Zeuge die Frage nicht sofort beantworten, sondern hat das Recht, die gestellte Frage zu beanstanden. Dies geschieht nicht gegenüber dem Fragenden, sondern nur gegenüber dem Vorsitzenden. Dabei sollte der Zeuge sich mit einer erklärenden Anmerkung in höflicher Form an den Vorsitzenden wenden, beispielsweise mit den Worten: *„Herr Vorsitzender, ich bin mir nicht sicher, ob ich diese Frage beantworten muss, weil…“*. Dann muss der Vorsitzende entscheiden, ob er die Frage zulässt. Gegen die Entscheidung des Vorsitzenden, die Frage zuzulassen, können die an der Verhandlung Beteiligten – und damit auch der Zeuge – einen Gerichtsbeschluss beantragen (§§ 238 II StPO).[229] Eine bestimmte Form ist dafür nicht vorgeschrieben, so dass auch der mündliche Antrag durch schlüssiges Verhalten genügt. In diesem Fall entscheidet nicht mehr der Vorsitzende allein, sondern das Gericht. Dieser Gerichtsbeschluss muss ausführlich begründet werden, sofern sich die

226 OLG Hamm, StV 1993, 462; LR-*Becker*, 27. Aufl., § 240, Rn. 17.

227 Hierzu ausführlich unter 2.

228 Hierzu *Malek*, Rn. 520.

229 Zum Anwendungsbereich von § 242 StPO *Schmitt*, in: Meyer-Goßner/Schmitt, § 242, Rn. 1.

Gründe nicht von selbst verstehen.[230] Hiergegen hat der Zeuge, nicht aber die Verfahrensbeteiligten, ein Beschwerderecht (§ 305 Satz 2 StPO).[231] Die Beschwerde wird bei dem Gericht, das den Beschluss erlassen hat, eingelegt. Hilft das Gericht der Beschwerde nicht ab, muss es die Sache dem Beschwerdegericht zur Entscheidung vorlegen und kann die Frage bis zur Beschwerdeentscheidung zurückstellen (§ 307 II StPO). Die Entscheidung des Beschwerdegerichts ist dann für das erkennende Gericht bindend. Wird die Beschwerde des Zeugen abgelehnt, muss er die Frage nunmehr zwingend beantworten. Stellt das erkennende Gericht jedoch die vom Zeugen als unzulässig angesehene Frage nicht bis zur Entscheidung des Beschwerdegerichts zurück, was der gesetzliche Regelfall ist (§ 307 I StPO), so muss der Zeuge die Frage schon vor der Entscheidung des Beschwerdegerichts beantworten. Dadurch wird die Beschwerde gleichzeitig gegenstandslos. Insofern ist die Beschwerde für den Zeugen ein wenig taugliches Mittel, um die Beantwortung einer Frage zu verhindern.

Tipp:

Grundsätzlich sollte der Polizeibeamte als Zeuge von diesen Beanstandungsmöglichkeiten sehr zurückhaltend Gebrauch machen. So ist nicht jede unangenehme und unbequeme Frage auch eine unzulässige Frage. Im Zweifel sollte versucht werden, jede gestellte Frage möglichst präzise und vollumfänglich zu beantworten. Ein ausweichendes Antwortverhalten ist grundsätzlich nicht zu empfehlen. Das Stellen von Gegenfragen muss in jedem Fall vermieden werden, ebenso wie bewusst knapp gehaltene Antworten mit ja oder nein. Auch ist eine Art Streitgespräch über die gestellte Frage mit dem Fragenden wenig hilfreich und daher zu unterlassen. Dies alles kann sich als negatives Zeugenverhalten auf die Glaubwürdigkeit des Zeugen und die Glaubhaftigkeit seiner Aussage auswirken und den Beweiswert mindern. Die Beanstandung von Fragen sollte in ganz seltenen Fällen als letztes Mittel (ultima ratio) eingesetzt werden. Nur wenn nach Ansicht des Zeugen eindeutig eine unzulässige Frage vorliegt, die der Zeuge nicht beantworten muss und auch unter keinen Umständen beantworten möchte, sollte in der beschriebenen Art vorgegangen werden. Dann muss der Vorsitzende bzw. das Gericht nach pflichtgemäßem Ermessen entscheiden.[232]

230 BGH, NStZ 2001, 418.

231 *Schmitt*, in: Meyer-Goßner/Schmitt, § 241, Rn. 22.

232 BGHSt 13, 252, 255.

c) Revisionsgefahr durch Zurückweisung

Zu berücksichtigen ist aber, dass der Vorsitzende des Gerichts sein Zurückweisungsrecht von Fragen in der Praxis regelmäßig sehr zurückhaltend gebraucht. Denn ob beispielsweise eine Frage des Verteidigers, die den Intimbereich des Zeugen betrifft, diesen lediglich bloßstellen bzw. verunsichern soll oder aber der Klärung von Tatsachen bzw. der Glaubwürdigkeit des Zeugen dient, ist oftmals schwierig zu beurteilen. Zwar kann der Vorsitzende den Verteidiger bitten, den Zweck dieser Frage darzulegen, jedoch muss der Verteidiger hierauf nicht zwingend Auskunft geben. Kann nicht abschließend geklärt werden, ob die Frage ungeeignet ist, wird der Vorsitzende sie im Zweifel nicht zurückweisen. Dies hat folgenden Hintergrund: Würde der Vorsitzende die Frage zurückweisen, könnte der Verteidiger einen Gerichtsbeschluss hierüber herbeiführen (§ 238 II StPO). Diesen Gerichtsbeschluss kann der Verteidiger dann nach dem Urteil des Tatgerichts mit dem Rechtsmittel der Revision angreifen.[233] Wurde die Frage vom Tatgericht zu Unrecht zurückgewiesen, so kann dies eine unzulässige Beschränkung der Verteidigung darstellen (§ 338 Nr. 8 StPO) und zur Aufhebung des ergangenen Urteils führen.[234] Die gesamte Hauptverhandlung müsste dann noch einmal durchgeführt werden.

Tipp:

Der Polizeibeamte sollte daher als Zeuge nicht darauf vertrauen, dass der Vorsitzende bei jeder möglicherweise unzulässigen Frage eingreift. Vielmehr erwartet das Gericht vom Polizeizeugen, dass er professionell mit diesen oftmals als unangenehm empfundenen Fragen umgeht.

2. Unzulässige Fragen

Unzulässig können Fragen sein, die nicht zur Sache gehören oder ungeeignet sind (vgl. § 241 II StPO). Ein Missbrauch des Fragerechts beim Kreuzverhör[235] (§ 241 I StPO) hat keine praktische Bedeutung, da von dieser Vernehmungsart faktisch kein Gebrauch gemacht wird.

233 Vgl. *Schmitt,* in: Meyer-Goßner/Schmitt, § 241, Rn. 23.

234 Vgl. BGH, NStZ 1990, 400.

235 Hierzu 4. Kapitel IV. 1. a).

a) Sachfremde Fragen

Nicht zur Sache gehören Fragen, die sich nicht einmal mittelbar auf die zur Entscheidung stehende Tat und ihre Rechtsfolgen beziehen oder erkennbar verfahrensfremden Zwecken dienen.[236] Dies sind beispielsweise Fragen, die nur darauf abzielen, Aufsehen zu erregen, einem anderen Unannehmlichkeiten zu bereiten oder ihn bloßzustellen, wie *„Haben Sie ein außereheliches Verhältnis zu Ihrer Kollegin?“* Dabei reicht für die Zulässigkeit einer solchen Frage jedoch aus, dass zwischen ihr und irgendeinem entscheidungserheblichen Umstand auch nur ein mittelbarer Bezug gegeben ist. Inwieweit eine Frage zumindest mittelbar zur Sache gehört, lässt sich oftmals aber erst nach Beantwortung derselben entscheiden. Auch müssen nach dieser weiten Definition Fragen, die sich ernsthaft bemühen, die Erinnerungsfähigkeit und Glaubwürdigkeit eines Zeugen sowie die Glaubhaftigkeit seiner Angaben zu überprüfen, zugelassen werden.[237] Daher können dem Zeugen Fragen über Vorleben, körperliche Eigenschaften (z.B. Krankheiten oder Fachkenntnisse), Vorstrafen (z.B. Verurteilung wegen Meineids) sowie über die Beziehung zum Beschuldigten und zum Verletzten (*„Haben Sie gegen den Beschuldigten vor diesem Verfahren schon einmal ermittelt?“, „Ist Ihnen das Opfer persönlich bekannt?“)* gestellt werden.[238] Ebenso Fragen zum beruflichen Werdegang. Auch Fragen zum Leumund, wie *„Haben Sie schon einmal Geschenke angenommen?“* oder *„Ist gegen Sie schon einmal ein Disziplinarverfahren geführt worden?“*, gehören hierzu und sind daher grundsätzlich zulässige Fragen. Insoweit geht die Pflicht zur Erforschung der Wahrheit dem Erhalt des Ansehens des Zeugen vor.[239]

b) Ungeeignete Fragen

Größere Bedeutung für die Prüfung der Unzulässigkeit einer Frage bzw. des Missbrauchs des Fragerechts kommt hingegen dem Kriterium der Ungeeignetheit zu. Ungeeignet sind Fragen, die in tatsächlicher Hinsicht nichts zur Wahrheitsfindung beitragen können oder aus rechtlichen Gründen nicht gestellt werden dürfen.[240] Insbesondere zählen hierzu entehrende oder den persönlichen Lebensbereich betreffende Fragen, Suggestivfragen, die Wiederholung schon beantworteter Fragen sowie funktions- und gesetzeswidrige Fragen.

---

236 BGHSt 2, 284, 287.

237 BGHSt 2, 284, 289.

238 Vgl. *Schmitt*, in: Meyer-Goßner/Schmitt, § 68a, Rn. 6b ff.

239 BGHSt 21, 334, 360.

240 BGHSt 13, 252, 254; 21, 334, 360.

aa) Entehrende und den persönlichen Lebensbereich betreffende Fragen

Entehrende Fragen und solche zum persönlichen Lebensbereich sind grundsätzlich nicht erlaubt. Ehrenrührig sind Fragen nach Tatsachen, die, wenn sie tatsächlich vorlägen, den Geltungswert des Betroffenen mindern würden.[241] Zum persönlichen Lebensbereich zählen beispielsweise Fragen zur religiösen und politischen Einstellung („*Gehören Sie dem Islam an? Sind Sie Mitglied im Weißen Ring?*"), zum Intimleben („*Sind Sie homosexuell? Wann hatten Sie das letzte Mal Geschlechtsverkehr? Welche Sexualtechniken praktizieren Sie?*"), aber auch Fragen zum Familienleben, die Dritten nicht ohne weiteres zugänglich sind („*Sind Sie in dritter Ehe verheiratet? Wenn ja, warum haben Sie sich zweimal scheiden lassen?*"). Grundsätzlich gehören alle Tatsachen dazu, nach denen üblicherweise im Sozialleben nicht gefragt wird und die in der Regel nicht spontan und unbefangen mitgeteilt werden[242] *(„Wurde gegen Sie ein Disziplinarverfahren eingeleitet? Sind Sie vorbestraft?")*. Solche Fragen sind vom Vorsitzenden regelmäßig als ungeeignet zurückzuweisen bzw. sollten vom Zeugen beanstandet werden.

Zu beachten ist aber, dass nicht jede bloßstellende oder unangenehme Frage zum persönlichen Lebensbereich zu zählen ist. Bei der Beurteilung ist nicht die besondere Empfindlichkeit des Zeugen, sondern ein objektiver Maßstab entscheidend. Sind entehrende oder zum persönlichen Lebensbereich zählende Fragen für die Erforschung der Wahrheit unerlässlich, muss der Zeuge auch diese ansonsten nicht erlaubten Fragen ausnahmsweise beantworten (§ 68a I StPO). Weichen beispielsweise in einem Verfahren wegen versuchter Vergewaltigung die Tatschilderungen von Opfer und Täter nur hinsichtlich der Freiwilligkeit des Geschlechtsverkehrs voneinander ab, muss das potentielle Opfer der versuchten Vergewaltigung als Zeugin die Frage des Verteidigers, ob sie in einem bestimmten Zeitraum auch mit anderen Männern freiwillig intime Beziehungen unterhielt, beantworten, da die Antwort bezogen auf die Wahrheitsermittlung zumindest eine Indizwirkung hat.[243] Entscheidend ist dabei auch nicht, ob die Aufklärung der Tatsache für die gerichtliche Entscheidung unmittelbar von Bedeutung ist oder es sich nur um eine sog. Hilfstatsache handelt, die zur Beurteilung der Glaubwürdigkeit des Zeugen dienen kann und darüber hinaus mit der zu entscheidenden Sache nicht zusammenhängt.[244]

241 Vgl. BGHSt 36, 145, 148.

242 *Rieß/Hilger,* NStZ 1987, 145, 150.

243 BGH, NStZ 1990, 400.

244 BGHSt 13, 252, 255.

Tipp:

Nur wenn die Frage nicht einmal mittelbar im Zusammenhang mit der zu entscheidenden Sache steht, darf sie nicht gestellt werden und sollte gegenüber dem Vorsitzenden beanstandet werden.

bb) Suggestivfragen

Suggestivfragen zielen darauf ab, dem Befragten eine bestimmte Antwort in den Mund zu legen, ihn zu verwirren oder ihn zu einer mehrdeutigen Antwort zu verleiten, um so einen neuen Einwand gegen seine Aussage zu gewinnen. Suggestionen sind daher inhaltliche Vorgaben des Fragenden, beispielsweise: *„Hatte der Angeklagte ein Küchenmesser in der rechten Hand?"* Entsprechen sie nicht der Wahrheit, sind sie grundsätzlich unzulässig, da dies regelmäßig eine Täuschung nach § 136a I StPO darstellt. Weiterhin sind Suggestivfragen ungeeignet, wenn ihre Beantwortung nicht der Wahrheitsfindung dient.[245] Soll damit jedoch die Zuverlässigkeit und Glaubhaftigkeit der Aussage überprüft werden, sind sie erlaubt.[246] Auch können Suggestivfragen zur Aufklärung von Widersprüchen gestellt werden.[247] Geht der Zeuge auf die Suggestion ein (*„Ja, der Angeklagte hatte ein solches Messer in der rechten Hand"*), so hat die Antwort keinen Beweiswert.[248] Geht die Antwort jedoch über die Suggestion hinaus, so kommt ihr ein Beweiswert zu (sog. Überhangantwort: *„Der Angeklagte hatte ein Küchenmesser mit schwarzem Griff und einer mindestens 20 cm langen Klinge in der rechten Hand und hielt das Messer dem Opfer vor das Gesicht"*).[249] Für die Praxis der Zeugenbefragung ist festzuhalten, dass wohl nur wenige Fragen völlig ohne suggestive Anteile auskommen,[250] was jedoch in der Regel nicht zur Unzulässigkeit der Fragen führt.

cc) Wiederholungsfragen

Die Wiederholung bereits vom Zeugen klar und erschöpfend beantworteter Fragen ist grundsätzlich unzulässig.[251] Dies gilt jedoch nicht, falls die wiederholte Stellung der Frage zur Aufklärung von Widersprüchen dient. Daraus folgt, dass Fragen wiederholt gestellt werden können, wenn dies der weiteren Sachaufklärung dient oder um zu überprüfen, ob eine vorausge-

245 LR-*Becker,* § 241, 27. Aufl., Rn. 14.

246 Vgl. BGH, NStZ 1990, 400.

247 SK-*Wohlers,* Vor § 137 ff., Rn. 118.

248 *Bender/Nack/Treuer,* Rn. 929.

249 Weiteres Beispiel bei *Wendler/Hoffmann,* Rn. 62.

250 *Gerst,* StRR 2011, 408, 409 mit einem guten Beispiel.

251 BGHSt 2, 284, 289.

gangene allgemeine Bekundung des Zeugen auch für einen erst danach vorgebrachten Einzelfall gelte. So beispielsweise, wenn eine Zeugin zunächst allgemein erklärt, sie sei dem Angeklagten nicht feindlich gesinnt und nach dem Vorhalt von Ehestreitigkeiten zwischen der Zeugin und dem Angeklagten die Frage vom Verteidiger wiederholt wird.[252] Auch kann eine Frage wiederholt gestellt werden, wenn durch das Erfragen zusätzlicher Details die Glaubhaftigkeit der Aussage überprüft werden soll.[253] Ebenso kann eine wiederholte Stellung dergleichen Frage zu einem späteren Zeitpunkt der Vernehmung im Hinblick auf Aussagekonsistenz und -homogenität wertvolle aussagepsychologische Erkenntnisse liefern.[254] Weiterhin darf eine Frage, die der Zeuge zunächst nicht beantworten konnte, zu einem späteren Zeitpunkt der Vernehmung wiederholt werden, da aus aussagepsychologischer Sicht durchaus die Möglichkeit besteht, dass der eventuell unter einem sog. Gedächtnisverschluss leidende Zeuge sich bei wiederholter Fragestellung wieder erinnern kann.[255] Hieran wird deutlich, dass die Unzulässigkeit einer Wiederholungsfrage für das Gericht schwierig zu beurteilen ist. Hält der Vorsitzende die Frage für zulässig, so sollte der Polizeibeamte sie daher im Zweifelsfall nicht rügen, sondern beantworten.

Tipp:

Nur wenn Fragen mehrfach wiederholt werden und dies offensichtlich eine Taktik der Verteidigung ist, sollte der Zeuge die wiederholte Fragestellung beim Vorsitzenden beanstanden.

dd) Funktionswidrige Fragen

Funktionswidrig und damit unzulässig ist eine Frage, zu deren Beantwortung der Befragte aufgrund seiner Stellung im Strafverfahren nicht berufen ist.[256] Da der Zeuge Tatsachen bekunden soll, sind grundsätzlich alle Fragen, die reine Werturteile oder die rechtliche Beurteilung des Falles betreffen, ungeeignet und damit unzulässig. Persönliche Schlussfolgerungen und Urteile können allerdings für die Persönlichkeit des Beschuldigten oder eines anderen Zeugen oder für die Glaubwürdigkeit Bedeutung haben.[257] Dabei kann der Zeuge über die Charaktereigenschaften einer Person nur

252 BGHSt 2, 284, 289 f.
253 BGH, NStZ 1981, 71.
254 *Gerst*, StRR 2011, 168, 169.
255 Hierzu *Bender/Nack/Treuer*, Rn. 189 ff.
256 LR-*Becker*, 27. Aufl., § 241, Rn. 16.
257 *Schmitt*, in: Meyer-Goßner/Schmitt, § 161a, Rn. 9.

vernommen werden, wenn er Tatsachen bekunden kann, die den Schluss auf das Vorliegen solcher Eigenschaften zulassen.[258]

Tipp:

Der Zeuge sollte insoweit bemüht sein, im Bericht nur Tatsachen zu bekunden und erst auf ausdrückliche Frage Bewertungen der genannten Art abgeben. Fragen zur rechtlichen Bewertung sollte der Zeuge hingegen gegenüber dem Vorsitzenden beanstanden.

ee) Gesetzeswidrige Fragen

Fragen, denen (Schutz)Vorschriften der StPO entgegenstehen, sind unzulässig. So darf nicht nach dem Wohn- oder Aufenthaltsort gefragt werden, wenn der Zeuge nach § 68 I 2 StPO berechtigterweise nur die Dienststelle genannt hat. Hierzu gehört auch die Frage nach der Festnetznummer des Zeugen. Ebenso wenig darf nach seinem Namen gefragt werden, wenn nach § 68 III StPO seine Identität geheim ist.[259] Auch Fragen, denen ein berechtigtes Zeugnisverweigerungs- (§§ 52, 53 StPO) oder Auskunftsverweigerungsrecht (§ 55 StPO) entgegensteht, sowie Fragen zu Dienstgeheimnissen, für deren Beantwortung eine Aussagegenehmigung fehlt (§ 54 StPO), sind unzulässig.[260] Weiterhin unzulässig sind auch Fragen zu Themen, über die kein Beweis erhoben werden darf. Beispielsweise Fragen an eine Verhörperson nach Angaben eines Zeugen im Rahmen einer polizeilichen Vernehmung, sofern dieser Zeuge berechtigterweise in der Hauptverhandlung von seinem Aussageverweigerungsrecht nach § 52 StPO Gebrauch gemacht hat.[261]

Tipp:

In diesen Fällen sollte der Polizeibeamte auf die bestehenden Rechte bzw. die fehlende Aussagegenehmigung gegenüber dem Vorsitzenden hinweisen, sofern dieser nicht schon von sich aus eingreift.

258 Vgl. BGH, StV 1984, 61.
259 LR-*Becker*, 27. Aufl., § 241, Rn. 18; SK-*Frister*, § 241, Rn. 12.
260 KK-*Schneider*, § 241, Rn. 8.
261 BGHSt 2, 110, 111.

5. Kapitel
Strafverteidigung und polizeilicher Zeuge

Dahs schreibt in seinem Handbuch des Strafverteidigers: „*Die Vernehmung von Polizeibeamten, Steuerfahndern und anderen Ermittlungsbeamten als Zeugen ist ein besonderes Kapitel. Sie sind durch ihren Beruf geschulte Zeugen, die sich nicht so leicht die Blöße geben; dem Verteidiger treten sie oft mit Misstrauen oder Ablehnung gegenüber. Sie sehen in ihm den Gegner, der sich der Durchsetzung des Rechts in den Weg stellt und ihr Verhalten ist durch latente Gereiztheit oder stures Beharren gekennzeichnet.*“[262] Es trifft sicherlich zu, dass das Verhältnis der Polizeibeamten zu den Strafverteidigern nicht ohne Spannungen ist und Polizeibeamte zumindest teilweise den Verteidiger des Beschuldigten als „Gegner“ oder „natürlichen Feind“ betrachten.[263] Verteidiger werden dabei oftmals als diejenigen gesehen, die den durch die polizeiliche Ermittlungstätigkeit eigentlich bereits überführten Angeklagten nunmehr vor Gericht mit juristischen Mitteln „raushauen“ wollen. Dieses Vorurteil führt teilweise bei Polizeibeamten zu einer „*generellen Aversion gegenüber Strafverteidigern*“[264] und gipfelt in moralischen Vorwürfen wie, den Verteidiger interessiere nur sein Honorar, die Opfer einer Straftat seien ihm gleichgültig.[265] Ursache hierfür ist das zumeist fehlende Verständnis des Polizeibeamten für die „Rolle“ des Verteidigers im Strafverfahren. Entsprechende Kenntnisse zu Stellung und Funktion sowie Pflichten und Rechten des Verteidigers sind für den Polizeibeamten unabdingbare Voraussetzung für einen professionellen Umgang mit dem Verteidiger. Dies betrifft nicht nur die Zeugenrolle des Polizeibeamten, sondern auch seine Tätigkeit als Ermittler im Vorverfahren. Auch der oft bemühte Begriff der Konfliktverteidigung bedarf einer Erläuterung. Zur Vermeidung bzw. Einordnung von Konflikten zwischen dem Strafverteidiger und dem Polizeibeamten als Zeuge sind weiterhin Grundkenntnisse seiner Arbeitsweise und Strategiemöglichkeiten im Hinblick auf das Hauptverfahren hilfreich. Auch müssen ergänzend zum bereits erörterten Fragerecht mögliche Fragetaktiken des Verteidigers gegenüber dem polizeilichen Zeugen aufgezeigt und Empfehlungen für adäquate Zeugenreaktionen gegeben werden.

---

262 *Dahs,* Rn. 590.

263 *Nack,* in: Ziegert, S. 219, 267 unter Hinweis auf *Burghard,* Kriminalistik 1991, 610; *Grohmann/Schulz,* DAR 1980, 74, 80; *Weil,* Polizeispiegel 1979, 75, 76, der von einem „übelwollende(n) Verteidiger“ spricht.

264 *Burghard,* Kriminalistik 1991, 610, 612 f.

265 Hierzu *Mai/Köpcke,* Kriminalistik 1995, 263, 267 f.

I. Der Strafverteidiger als Verfahrensbeteiligter

Verteidiger ist in der Regel ein Rechtsanwalt, kann aber auch ein Rechtslehrer einer deutschen Hochschule im Sinne des Hochschulrahmengesetzes sein (§ 138 I StPO). Dabei hat der Beschuldigte die Möglichkeit, bis zu drei Verteidiger zu wählen (§ 137 I 2 StPO). Die Verteidigung des Beschuldigten ist in jeder Lage des Verfahrens zulässig, jedoch nur in bestimmten Fällen auch zwingend erforderlich. Im Falle einer sog. notwendigen Verteidigung (§ 140 StPO) wird dem Beschuldigten, der keinen Verteidiger gewählt hat – unabhängig von seinen finanziellen Verhältnissen –, vom Gericht ein Pflichtverteidiger bestellt. Stellung und Funktion sowie Pflichten und Rechte des Verteidigers, die im Folgenden dargestellt werden, geben Orientierung und Rahmen für die Verteidigungstätigkeit im Strafverfahren.

1. Stellung und Funktion des Verteidigers

Wie bereits erörtert, muss das Gericht von Amts wegen die Wahrheit ermitteln und auch die Staatsanwaltschaft ist verpflichtet, nicht nur belastende, sondern auch entlastende Umstände zu ermitteln, mithin eine objektive Stellung einzunehmen. Somit scheint die Verteidigung eigentlich überflüssig zu sein. In der Praxis kann jedoch weder die Staatsanwaltschaft noch das Gericht diese Objektivität vollauf gewährleisten. Die auf Strafverfolgung ausgerichtete Tätigkeit der Staatsanwaltschaft beeinträchtigt zwangsläufig eine völlig unbefangene Beurteilung des Sachverhalts. So hat die Staatsanwaltschaft die zur Anklage geführten Ermittlungen geleitet und mit der abschließenden Anklageschrift den hinreichenden Tatverdacht und damit die Wahrscheinlichkeit einer Verurteilung des Angeklagten bejaht. Auch das Gericht hat dem stets in der staatsanwaltschaftlichen Anklage enthaltenen Antrag auf Eröffnung der Hauptverhandlung zugestimmt und sich insofern zunächst einmal der Ansicht der Staatsanwaltschaft angeschlossen. Daher ist die Verteidigung als notwendiger Gegenpart im Strafverfahren erforderlich. Aufgrund der fehlenden Distanz sowie der notwendigen Kenntnisse des Rechts und seiner praktischen Handhabung im Verfahren ist es dem Beschuldigten auch kaum möglich, sich selbst effektiv zu verteidigen. Der Prozess der Wahrheitsfindung im Strafverfahren erfordert neben Gericht und Staatsanwaltschaft (mit Polizei) auch die Verteidigung. Alle steuern auf das Ziel einer gerechten Entscheidung zu. Nur die Ausgangspunkte differieren: Staatsanwaltschaft und Polizei gehen vom staatlichen Strafanspruch aus, der Richter von der Totalität des Rechts und der Verteidiger vom Schutzanspruch des Beschuldigten.[266]

---

266 *Dahs,* Rn. 13.

Merke:

Durch seine Einseitigkeit ist der Verteidiger Garant für die möglichst vollständige Erfassung aller für das Urteil immanenten Entlastungstatsachen und somit *„ein hervorragendes Mittel zur Wahrheitserforschung“*.[267]

Der Verteidiger ist Berater und Beistand des Beschuldigten (§ 137 I 1 StPO) und trägt dadurch zu einem rechtsstaatlichen, justizförmigen Verfahren bei. Er agiert als von Gericht und Staatsanwaltschaft unabhängiges Organ der Rechtspflege (vgl. § 1 BRAO).[268] Auch wird der Verteidiger unabhängig vom Beschuldigten, seinem Mandanten, tätig, da er nicht an dessen Weisungen gebunden ist.[269] Hierbei wird dem Mandanten die Verteidigungshilfe unter Umständen sogar gegen dessen Willen aufgedrängt. So kann der Verteidiger im Interesse einer sachgerechten Verteidigung auch gegen den Willen seines Mandanten agieren,[270] indem er beispielsweise Beweisanträge stellt, die der Mandant nicht stellen will, Rechtsmittel nicht einlegt, obwohl der Mandant das wünscht. Insofern ist er nicht weisungsgebundener Vertreter des Beschuldigten,[271] wie beispielsweise der Rechtsanwalt als Prozessbevollmächtigter einer Partei im Zivilprozess. Der Strafverteidiger hat eigene Rechte, die neben den Rechten des Beschuldigten bestehen.[272] Daher kann ein Rechtsanwalt, der zugleich Beschuldigter ist, sich zwar selbst verteidigen, hat jedoch nicht die Rechte des Verteidigers, wie das unbeschränkte Akteneinsichtsrecht nach § 147 I StPO.[273] Im Falle einer notwendigen Verteidigung (§ 140 StPO) muss der Rechtsanwalt als Beschuldigter dann sogar zwingend einen von ihm gewählten oder vom Gericht bestellten Verteidiger haben.

2. Pflichten des Verteidigers

Im Gegensatz zur Staatsanwaltschaft ist der Verteidiger nicht zur Objektivität verpflichtet, sondern nimmt die Interessen seines Mandanten wahr. Es ist die Aufgabe des Verteidigers, seinen Mandanten zu schützen und die Rechtsstellung des Beschuldigten als Prozesssubjekt zu wahren. Er ist verpflichtet, alle zu Gunsten des Beschuldigten sprechenden tatsächlichen

267 *Dahs,* Rn. 11.

268 BVerfGE 38, 105, 119.

269 BGHSt 13, 337, 343.

270 BGHSt 12, 367, 369.

271 Ein Ausnahmefall findet sich in § 234 StPO.

272 BGHSt 12, 367, 369.

273 BVerfG, NStZ 1988, 282.

und rechtlichen Gesichtspunkte geltend zu machen.[274] Auch überwacht er zum Schutz seines Mandanten die Rechtmäßigkeit des Verfahrens. Diese auf eine einseitige Interessenwahrnehmung ausgerichteten Pflichten bilden das Gegengewicht zur auf Überführung des Beschuldigten ausgelegten Tätigkeit der Staatsanwaltschaft.[275] Dabei unterliegt der Verteidiger auch einer Verschwiegenheitspflicht hinsichtlich der Tatsachen, die er im Rahmen des Auftrags von seinem Mandanten erfährt. Sie gilt über den Tod des Mandanten hinaus (§ 203 V StGB). Hat der Mandant beispielsweise seinem Verteidiger die Tat gestanden, sie jedoch vor Gericht bestritten oder von seinem Schweigerecht Gebrauch gemacht und reichen die Beweise für eine Verurteilung nicht aus, so muss der Verteidiger im Interesse des Mandanten einen Freispruch aus Mangel an Beweisen beantragen.[276] Das ist rechtsethisch auch keineswegs bedenklich, da nach dem Gesetz der Schuldige, wenn ihm die Tat mit prozessual erlaubten Mitteln nicht nachgewiesen werden kann, freigesprochen werden muss. Ist der Verteidiger hierzu aus beruflichen oder persönlichen Gründen nicht bereit, muss er das Mandat niederlegen. Würde der Verteidiger gar dem Gericht das gegenüber ihm ausgesprochene Geständnis mitteilen, würde er seine Verschwiegenheitspflicht verletzen und sich nach § 203 I Nr. 3 StGB strafbar machen. Auch kann der Verteidiger einem Zeugen raten, von seinem Zeugnisverweigerungsrecht Gebrauch zu machen[277] oder dem Beschuldigten erklären, welche Vorteile sein Schweigen in der Hauptverhandlung hat, da dies alles rechtlich erlaubte Mittel des Strafverfahrens sind. Ebenso darf der Verteidiger in der Hauptverhandlung starke und eindringliche Ausdrücke einsetzen, wenn er damit ein berechtigtes Anliegen vertritt. Die Grenze des Erlaubten ist erst dann überschritten, wenn andere Beteiligte oder der Verfahrensverlauf keinen Anlass dazu gegeben haben (vgl. § 43a III BRAO).[278]

Infolge der Stellung des Verteidigers als Organ der Rechtspflege[279] darf er zur Verteidigung aber eben auch nur rechtlich erlaubte Mittel einsetzen. Er unterliegt einer Wahrheitspflicht, d.h.: *„Alles was der Verteidiger sagt, muss wahr sein, aber er darf nicht alles sagen, was wahr ist“.*[280] Insoweit beschränkt sich die Wahrheitspflicht darauf, nichts Unwahres zu sagen. Dabei verbietet die Wahrheitspflicht dem Verteidiger, die Interessen des Man-

274 BGHSt 9, 20, 22.

275 Hierzu *Dahs,* Rn. 10 f.

276 Vgl. BGHSt 2, 375, 377.

277 BGHSt 10, 393, 394 f.

278 Vgl. BVerfG, NStZ 1997, 35 ff.

279 Zu den umstrittenen Einzelheiten der Rechtsstellung des Verteidigers *Danckert/Ignor,* in: Ziegert, S. 15, 16 ff.

280 *Dahs,* Rn. 49.

danten um den Preis der Wahrheit durchzusetzen. Der Verteidiger kann aber alle Behauptungen im Strafverfahren zu Gunsten seines Mandanten vortragen, von denen er nicht sicher weiß, dass sie unwahr sind.[281] Die Grenze ist erst dann erreicht, wenn er bewusst Unwahres zur Verteidigung einsetzt. Hierzu zählt beispielsweise, wenn der Verteidiger den geständigen Beschuldigten oder einen Zeugen zur Falschaussage veranlasst.[282]

3. Rechte des Verteidigers

Die Aufgabe des Verteidigers als Berater und Beistand des Beschuldigten erfordert zur effektiven Verteidigung eine Vielzahl von Kontakt-, Anwesenheits- und Informationsrechten. So hat der Verteidiger ein unbeschränktes Recht zum mündlichen und schriftlichen Verkehr mit dem Beschuldigten, auch dann, wenn dieser sich in Haft befindet (§ 148 I StPO). Von besonderem Interesse für die polizeiliche Tätigkeit sind das Anwesenheits- und Akteneinsichtsrecht.

a) Anwesenheitsrecht

Der Verteidiger hat in der Hauptverhandlung immer ein Anwesenheitsrecht. Im Ermittlungsverfahren hingegen beschränkt sich dieses Recht auf die Anwesenheit bei der richterlichen Beschuldigten- und Zeugenvernehmung sowie bei der polizeilichen und staatsanwaltschaftlichen Beschuldigtenvernehmung (§§ 163a III, 2, IV 3, 168c I, V StPO). In der Folge hat der Verteidiger kein Anwesenheitsrecht bei polizeilichen Zeugenvernehmungen, er kann aber zugelassen werden.[283] Von dem Termin der Beschuldigtenvernehmung ist der Verteidiger vorher zu unterrichten (§ 168c V 1 StPO). In Fällen einer Gefährdung des Untersuchungserfolges durch konkret zu befürchtende Verdunkelungsmaßnahmen kann eine Terminbenachrichtigung des Verteidigers unterbleiben (§ 168c V 2 StPO). Befindet sich der Mandant bereits in der polizeilichen Beschuldigtenvernehmung und erscheint nunmehr der Verteidiger, der seinen Mandanten sprechen will, so ist die Vernehmung zu unterbrechen und dem über das Erscheinen seines Verteidigers informierten Beschuldigten auf Wunsch Gelegenheit zu geben, mit dem Verteidiger zu sprechen. Auch hat der Verteidiger bei der Beschuldigtenvernehmung ein Erklärungs- und Fragerecht (§ 168c I 2 StPO). Ein Anspruch auf Verlegung des Vernehmungstermins besteht hingegen nicht (§ 168c V 3 StPO).

---

281 BGHSt 38, 345, 348; 46, 53, 54 f.; BGH, NStZ 1993, 79, 80.

282 BGHSt 46, 53 55 ff.

283 *Schmitt*, in: Meyer-Goßner/Schmitt, § 163, Rn. 16.

b) Akteneinsichtsrecht

Das im Ermittlungsverfahren und später zur Vorbereitung auf die Hauptverhandlung wohl wichtigste Recht des Verteidigers ist das auf Akteneinsicht (§ 147 StPO). Nur so kann der Verteidiger sich über den Verfahrensstand und die Beweislage umfassend informieren.[284] Im Ermittlungsverfahren kann die Akteneinsicht bei Gefährdung des Untersuchungserfolges versagt werden (§ 147 II 1 StPO). Befindet sich der Beschuldigte in Untersuchungshaft, so hat der Verteidiger jedoch stets ein Recht auf Einsicht in die zur Beurteilung der Rechtmäßigkeit der Freiheitsentziehung notwendigen Aktenteile (§ 147 II 2 StPO). Die Beschränkung der Akteneinsicht nach § 147 II 1 StPO gilt darüber hinaus auch nicht für Protokolle über die Beschuldigtenvernehmung, Sachverständigengutachten sowie richterliche Untersuchungshandlungen, bei denen der Verteidiger anwesend war oder ein Anwesenheitsrecht gehabt hätte (§ 147 III StPO). Wurde der Beschuldigte zuvor bereits als Zeuge vernommen, so erstreckt sich das unbeschränkte Akteneinsichtsrecht auch auf diese Protokolle.[285] Über das Akteneinsichtsgesuch entscheidet im Ermittlungsverfahren die Staatsanwaltschaft, während des Hauptverfahrens der Vorsitzende des mit der Sache befassten Gerichts (§ 147 V 1 StPO).

Merke:

Wird ein Akteneinsichtsgesuch im Ermittlungsverfahren vom Verteidiger gegenüber der Polizei gestellt, so ist diese nicht befugt, Akteneinsicht zu gewähren, sondern hat das Gesuch an die zuständige Staatsanwaltschaft als Herrin des Ermittlungsverfahrens weiterzuleiten.

Üblicherweise wird dem Verteidiger die Akte zur Einsichtnahme in die Kanzlei übersandt. Hinsichtlich des Inhalts gilt der Grundsatz der Aktenvollständigkeit. Schriftstücke, Ton- oder Bildaufnahmen, Videoaufzeichnungen und Untersuchungshaft-Unterlagen, d.h. alles, was für das Verfahren geschaffen worden ist, darf der Akte nicht entzogen werden.[286] Hierzu zählen auch als Computerdateien gespeicherte Kurzübersetzungen und inhaltliche Zusammenfassungen abgehörter Telefonate.[287] Eine Ausnahme bilden die nach § 96 StPO gesperrten Akten und Aktenteile. Polizeiliche Spurenakten unterliegen nur dann dem Akteneinsichtsrecht, wenn sie schuld- und rechtsfolgenrelevante Umstände beinhalten und in diesem

284 Ausführlich *Bendler,* in: Ziegert, S. 57, 82 ff.

285 OLG Hamburg, StV 1986, 422.

286 BGHSt 37, 204, 205 f.

287 BGH, StV 2010, 228, 230.

Sinne in die Ermittlungsakten der Staatsanwaltschaft einfließen.[288] Die bei der Polizei belassenen Spurenakten, die regelmäßig Persönlichkeitsrechte Dritter berühren, sind nicht vom Akteneinsichtsrecht umfasst.[289] Gleichwohl soll dem Verteidiger in bestimmten Konstellationen die Einsichtnahme in tatbezogene Spurenakten gewährt werden.[290] Darüber hinaus sind Unterlagen oder Daten mit rein innerdienstlicher Bedeutung, wie etwa polizeiliche Arbeitsvermerke zum Fortgang und zur Bewertung der bisherigen Ermittlungen, nicht vom Akteneinsichtsrecht umfasst.[291] Der Verteidiger darf die Akte selbst einsehen, aber nicht dem Mandanten übergeben (vgl. § 19 BORA). Jedoch kann er die Akte ablichten und seinen Mandanten umfassend über den Inhalt informieren. Üblicherweise wird daher die Akte zunächst kopiert und dann mit dem Mandanten besprochen. Dabei darf der Verteidiger seinem Mandanten auch eine vollständige Aktenkopie fertigen und überlassen.[292]

c) Weitere Rechte

Als Beistand des Beschuldigten kann der Verteidiger jederzeit Erklärungen abgeben und Beweisanträge in gleichem Umfang wie der Beschuldigte stellen. In der Hauptverhandlung, für die diese Rechte in § 244 III–VI und § 257 II StPO ausdrücklich normiert sind, kommt dem bereits ausführlich erörtertem Fragerecht des Verteidigers gegenüber Zeugen und Sachverständigen (§ 240 II StPO) eine herausragende Bedeutung zu. Weiterhin hat der Verteidiger ein Recht zur Beanstandung von Anordnungen des Vorsitzenden (§ 238 II StPO) und von Fragen. Ebenso darf er für den Beschuldigten Rechtsmittel einzulegen, jedoch nur, wenn dieser das wünscht (§ 297 StPO).

II. Strafverteidigung als Konflikt

Wie bereits erläutert, ist der Verteidiger verpflichtet, einseitig alle zugunsten des Beschuldigten sprechenden tatsächlichen und rechtlichen Gesichtspunkte geltend zu machen. Es versteht sich von selbst, dass der Verteidiger dabei nicht stets im Konsens mit den anderen Verfahrensbeteiligten ist. Das betrifft darüber hinaus auch den Umgang mit dem Polizeibeamten als Zeu-

288 *Schmitt*, in: Meyer-Goßner/Schmitt, § 147, Rn. 18.
289 BVerfGE 63, 45, 62 f.; BGHSt 30, 131, 138 ff.
290 BGH, NStZ 1983, 228.
291 BGH, StV 2010, 228, 229 f.
292 *Schmitt*, in: Meyer-Goßner/Schmitt, § 147, Rn. 20.

gen. Dieser ist in der Regel ein (wichtiger) Belastungszeuge, der im Vorverfahren aktiv gegen den Beschuldigten ermittelt hat. Seine Zeugenvernehmung vor Gericht stellt – worauf schon an anderer Stelle hingewiesen wurde – auch eine Überprüfung seiner Ermittlungstätigkeit und damit der einer Anklage zugrunde liegenden Ermittlungsergebnisse dar. Diese konfliktträchtige Überprüfung der polizeilichen Ermittlungsarbeit bleibt aufgrund der faktischen Stellung der Verfahrensbeteiligten traditionell der Verteidigung überlassen.[293] Für die Aufgabe der Verteidigung ist es daher konsequent und legitim, den Beweiswert der Zeugenaussage des Polizeibeamten mittels des Fragerechts intensiv zu prüfen und gegebenenfalls in Frage zu stellen. Der Konflikt ist damit in Funktion und Stellung von Verteidiger und ermittelndem Polizeibeamten angelegt. Dass dabei kritische, dem Zeugen möglicherweise unangenehme Fragen gestellt werden müssen, ist Teil der Arbeit des Strafverteidigers und keine unzulässige Verhinderung der Durchsetzung des staatlichen Strafverfolgungsanspruchs. Insoweit ist das aggressive Befragen von Zeugen nicht von vornherein unzulässig. Vielmehr handelt es sich in der Regel um zulässige und oftmals im Sinne der Sache des Beschuldigten gebotene Strafverteidigung. Dies wissen Gericht und Verfahrensbeteiligte bei entsprechender Professionalität auch regelmäßig so zu verstehen.

Merke:

Der Verteidiger greift dabei in der Regel auch nicht den Polizeibeamten in seiner Person an, sondern dessen konkrete Ermittlungstätigkeit. Bei dem Aufdecken von Ermittlungsfehlern geht es dem Verteidiger nicht um pauschale Kritik an der Arbeit der Polizei, sondern um seine rechtliche Pflicht, zu verhindern, dass sich solche Fehler zu Lasten seines Mandanten auswirken. Der polizeiliche Zeuge muss daher mit dieser Kritik – die im Übrigen eher den Staatsanwalt als Herr des Ermittlungsverfahrens trifft – sachlich umgehen. Er sollte sich von Vorurteilen gegenüber dem Verteidiger möglichst frei machen und ihn als einen beruflichen Gegenpart verstehen, dem mit Professionalität und Sachlichkeit zu begegnen ist. Ein solches Verhalten wird von einem professionellen Zeugen wie dem Polizeibeamten erwartet.

III. Begriff der Konfliktverteidigung

Der in diesem Zusammenhang innerhalb der Polizei immer wieder auftauchende Begriff der Konfliktverteidigung, teilweise auch als Blockade-, Chaos- oder Amokverteidigung bezeichnet, ist insoweit unzutreffend und

293 So auch *Mai/Köpcke*, Kriminalistik 1995, 263, 269.

sollte vermieden werden. Unbequeme, unangenehme, unsachliche oder als unfair empfundene Fragen des Verteidigers gegenüber dem Zeugen sind keine Konfliktverteidigung, sondern grundsätzlich erlaubtes Verteidigerverhalten. Die Grenze des Erlaubten wird erst bei den bereits erläuterten unzulässigen Fragen überschritten.

Der Begriff der Konfliktverteidigung bezeichnet nach Rechtsprechung[294] und juristischer Literatur[295] vielmehr den Konflikt zwischen Verteidigung, Gericht und Verfahrensbeteiligten. Dabei beinhaltet ein solcher Konflikt nicht zwingend den Missbrauch prozessualer Rechte, sondern kann sich auch im Rahmen des prozessual Möglichen bewegen. Strafverfahrensrechtlich erlaubte Verhaltensweisen des Verteidigers, wie das Stellen von Befangenheits- und/oder Beweisanträgen, sind grundsätzlich keine missbräuchliche Verfahrensverschleppung. So ist ein Beweisantrag das wirkungsvollste Mittel des Verteidigers, um Einfluss auf den Umfang der Beweisaufnahme zu nehmen.[296] Prozessuale Anträge des Verteidigers können aber auch als taktisches Mittel eingesetzt werden, um das Gericht für die tatsächliche Aufnahme und Verwertung von Verteidigerargumenten zugänglicher zu machen.[297] Ein in der Sache konsequentes und unnachgiebiges Eintreten für die Rechte des Beschuldigten und die damit verbundene Einhaltung der prozessualen Vorschriften ist der Verteidigung immanent und keineswegs unstatthaft. Jedoch kann sich daraus auch ein Missbrauch prozessualer Rechte durch den Strafverteidiger entwickeln. Ein Missbrauch liegt immer dann vor, wenn prozessuale Rechte zur Verfolgung verfahrensfremder oder verfahrenswidriger Zwecke ausgeübt werden.[298] Hierzu zählen beispielsweise das Stellen von grundlosen Befangenheitsanträgen und Beweisanträgen mit erfundenem Beweisthema und Beweismittel, unentschuldigtes Entfernen aus dem Gerichtssaal und wiederholtes Fordern von Pausen.[299] Ebenso die Ausübung prozessualer Verteidigungsrechte mit dem Ziel, Verfahrensbeteiligte und Zeugen zu beleidigen bzw. bloßzustellen oder das Strafverfahren zur politischen Agitation zu nutzen.[300] Auch die sog. Klamaukverteidigung[301], bei welcher der Verteidiger versucht, sich möglichst

294 Z.B. BGH, StV 2001, 101 f. mit Anm. *Ventzke*; BGH, NJW 2006, 3579 ff.; LG Wiesbaden, StV 1995, 239 ff. m. Anm. *Asbrock*.

295 Z.B. *Jahn*, NStZ 1998, 389 ff.; *Kempf*, StV 1996, 507 ff.; *Niemöller*, StV 1996, 501 ff.; *Rüping*, JZ 1997, 865 ff.; *Klemke/Elbs*, Rn. 677 ff.

296 *Malek*, Rn. 422.

297 *Klembke/Elbs*, Rn. 675.

298 SK-*Wohlers*, Vor § 137 ff., Rn. 60.

299 *Trurnit*, Kriminalistik 2009, 425 m. w. N.

300 SK-*Wohlers*, Vor § 137 ff., Rn. 60 m. w. N.

301 Hierzu *Artkämper/Jakobs*, Rn. 61 ff.

pressewirksam in Szene zu setzen, ist hier einzuordnen, stellt jedoch keineswegs eine typische Form der Konfliktverteidigung dar.[302] Die Einzelheiten, auf die hier nicht weiter eingegangen werden soll, sind dabei höchst umstritten. Insgesamt wird von dieser aggressiven Form der Verteidigung in der Praxis aber selten Gebrauch gemacht.[303] Empirisch gesicherte Befunde weisen für den weitaus größeren Teil der Strafverfahren ein eher passives Verteidigerverhalten nach.[304]

IV. Fragetaktiken der Verteidigung

Polizeibeamte werden aus den genannten Gründen in ihrer typischen Rolle als Belastungszeugen in der Hauptverhandlung vom Verteidiger oftmals sehr kritisch befragt. Dabei bedienen sich Verteidiger teilweise bestimmter Fragemuster bzw. -taktiken, um den Beweiswert der Zeugenaussage herabzusetzen. Es lassen sich im Wesentlichen vier solcher Taktiken, die zumeist ungenau als Strategien bezeichnet werden,[305] erkennen. Anhand dieser Taktiken, die oftmals auch miteinander kombiniert werden, kann nicht jedes denkbare Verteidigerhandeln aufgezeigt werden, jedoch ermöglichen Grundkenntnisse der Fragetaktiken und der gebotenen Zeugenreaktionen ein qualitativ besseres Zeugenverhalten. Auch werden so für den polizeilichen Zeugen bestimmte Strukturen der Befragung leichter erkennbar.[306]

Tipp:

Wie bereits beim Fragerecht ausgeführt, muss der Polizeibeamte versuchen, nach Möglichkeit alle Fragen sachlich, ruhig und vollumfänglich zu beantworten. Dabei sollte der Zeuge nicht übereilt antworten, sondern sich für jede Antwort die notwendige Bedenkzeit nehmen. Eine Beanstandung von Fragen ist zu vermeiden bzw. auf ein Minimum zu begrenzen. Damit wird dem Verteidiger die Angriffsfläche entzogen.

302 Insoweit wenig überzeugend *von Prondzinski,* DPolBl. 2011, 2, 4, der Konfliktverteidigung auf eine „Aufmerksamkeitsaktion“ des Verteidigers reduziert.

303 *Kintzi,* DRiZ 1994, 325, 326.

304 *Roxin/Schünemann,* § 19, Rn. 2 m. w. N.

305 So bei *Hücker,* S. 78 ff.; *Kube/Leineweber,* S. 147 ff.; *Trurnit,* Kriminalistik 2009, 425, 427.

306 Zu strukturellen Aspekten von Verteidigungstaktiken *Artkämper,* DPolBl. 2011, 22 ff.

1. Verunsicherungstaktik

Das Ziel dieser Taktik besteht in einer Verunsicherung des Zeugen, durch die letztlich das Gewicht seiner Aussage relativiert werden soll. Hierzu zählt zunächst das Abfragen von Nebensächlichkeiten. So kann der Verteidiger versuchen, die Beobachtungsfähigkeit eines Zeugen in Zweifel zu ziehen, indem er irgendwelche Nebensächlichkeiten nachfragt. Oder aber der Verteidiger will mit dem Abfragen von Nebensächlichkeiten Erkenntnisse für ein anderes Verfahren gewinnen, in dem die für das aktuelle Verfahren eher unwichtigen Bekundungen des Zeugen dann eine möglicherweise entscheidende Bedeutung haben.

a) Schätzfragen

Auch Schätzfragen zu Entfernungen, Geschwindigkeiten, Dauer von Rotlichtphasen etc. gehören zu dieser Taktik, obwohl es sich nicht um Wahrnehmungen, sondern um „Urteile über Wahrnehmungen" handelt.[307] Beispielsweise, wenn der Polizeibeamte, der eine Drogenübergabe beobachtet hat, nach der Entfernung seines Beobachtungsstandpunktes von der Übergabestelle gefragt wird. Antwortet der Polizeibeamte, dass die Entfernung ca. 25 Meter betragen habe und stellt sich heraus, dass die bekundete Beobachtung aus dieser Entfernung schlicht nicht möglich war, ist der Beweiswert dieser Aussage erheblich herabgesetzt, selbst wenn der Polizeibeamte sich jetzt noch korrigiert und 10 Meter als Entfernung angibt.

Tipp:

Der Polizeibeamte sollte Schätzungen nach Möglichkeit vermeiden oder aber zumindest nur mit größter Vorsicht tätigen. Übereilte Antworten sollten vermieden werden.

b) Wiederholungsfragen

Auch wenn scheinbare Widersprüche in der Aussage eines Zeugen zu seinen früheren Angaben hochstilisiert werden, verunsichert das oftmals den Zeugen. Dies lässt sich gerade auch durch das wiederholte Stellen einer bereits ausführlich beantworteten Frage erreichen. In größeren Verfahren, bei denen mehrere Verteidiger tätig sind, gehen diese teilweise arbeitsteilig vor, indem beispielsweise ein Verteidiger die Fragen und Antworten hand-

307 *Bender/Nack/Treuer,* Rn. 201. Zur Unzulänglichkeit von Geschwindigkeitsschätzungen durch Polizeibeamte *Grohmann/Schulz,* DAR 1980, 74, 77; zu Entfernungs-, Zeit-, Geschwindigkeits- und Mengenschätzungen *Bender/Nack/Treuer,* Rn. 205 ff.

schriftlich oder per Notebook protokolliert, während der andere die Fragen stellt.

Tipp:

Sind die Abweichungen der Antworten nur marginal, sollte der Polizeibeamte vermeiden, seine getätigten Angaben zu erklären und die Wertung dem Gericht und den Verfahrensbeteiligten überlassen.

c) Fragen zu den Ermittlungen

Auch die Konfrontation mit unzutreffenden oder ungenauen Feststellungen in der Ermittlungsakte wird teilweise zur Verunsicherung des Polizeibeamten genutzt. Dies kann durch sorgfältige Ermittlungen und exakte Aktenführung vermieden werden. Auch kann eine Erklärung des Polizeibeamten für den Grund dieser unzutreffenden oder ungenauen Feststellungen möglicherweise hilfreich sein. So etwa, wenn der Polizeibeamte sich bei einem Unfallgeschehen erst um die Verletzten gekümmert hat, bevor er den Sachverhalt aufgenommen hat, wodurch sich als Folge unrichtige Schlussfolgerungen von der Lage der Verletzten zum Fahrer ergeben haben.

Tipp:

Bei Erinnerungslücken sollten diese eingeräumt und darauf hingewiesen werden, dass sich zu diesem Punkt etwas in den Akten befinden könnte.

d) Erklärungen des Verteidigers

Zu beachten ist, dass die Fragen möglichst einzeln und in Bezug auf einen bestimmten Sachumstand gestellt werden müssen. Hierbei hat der Verteidiger – wie auch die anderen Verfahrensbeteiligten – allerdings die Möglichkeit, die Frage durch kurze Ausführungen oder Vorhalte einzuleiten, um so die Frage verständlicher zu machen. Dies nutzt der Verteidiger teilweise dazu, längere Ausführungen und Erklärungen hinsichtlich des polizeilichen Zeugen und seiner Ermittlungstätigkeit abzugeben und den Zeugen dadurch zu einer zusammenhängenden Erklärung zu veranlassen.

Tipp:

Geantwortet werden muss nur auf konkrete Fragen und nicht auf Ausführungen des Verteidigers, die keine Frage beinhalten. Eine eigene Erklärung muss der Zeuge nicht abgeben.[308]

308 *Schmitt*, in: Meyer-Goßner/Schmitt, § 240, Rn. 5.

e) Fragenhäufung

Teilweise werden vom Verteidiger auch mehrere Fragen innerhalb längerer Ausführungen an den polizeilichen Zeugen gestellt. Da der Zeuge dann nur bedingt in der Lage sein wird, sich an alle gestellten Fragen detailliert zu erinnern, kann dies bei der Beantwortung zu Unsicherheiten des Zeugen führen.

Tipp:

In diesem Fall sollte der Polizeibeamte sich die einzelnen Fragen notieren und vor seiner Antwort sich gegebenenfalls der genauen einzelnen Frage noch einmal vergewissern, indem er seine Antwort mit der Wiederholung der Frage einleitet. Hat der Polizeibeamte keine Gelegenheit gehabt, sich die Fragen zu notieren und kann sich daher nicht mehr genau an den Wortlaut bzw. Inhalt der jeweiligen Frage erinnern, sollte er den Verteidiger bitten, die zuerst gestellte Frage kurz zu wiederholen und so auch für die weiteren Fragen verfahren.[309] Reagiert der Verteidiger auf diese Bitte nicht, kann der Polizeibeamte sich an den Vorsitzenden wenden.

f) Aufforderung zum Vorlesen

Teilweise wird der polizeiliche Zeuge vom Verteidiger aufgefordert, längere Vermerke oder Berichte und Protokolle aus der Ermittlungsakte vorzulesen, wie beispielsweise einen über 60 Seiten umfassenden Observationsbericht. In der Folge leidet darunter die Aufmerksamkeit und Konzentration des Zeugen für die danach folgende weitere Befragung durch den Verteidiger.

Tipp:

Der Zeuge ist ein persönliches Beweismittel. Er gibt Auskunft über die Wahrnehmung von Tatsachen.[310] Insoweit sollte der Polizeibeamte sich nicht auf das Vorlesen einlassen, sondern darauf hinweisen, dass er als Zeuge Fragen beantworten, aber nicht den Akteninhalt vorlesen muss.

2. Verhinderungstaktik

Diese Taktik zielt darauf ab, dass frühere im Ermittlungsverfahren getätigte Aussagen eines Beschuldigten oder Zeugen in der Hauptverhandlung nicht verwertet werden dürfen. Hierzu zählt z. B. der Vorwurf, gegen Belehrungs-

309 Hierzu *Weber*, Deutsche Polizei 1975, 24, 26.

310 *Schmitt*, in: Meyer-Goßner/Schmitt, Vor § 48, Rn. 1.

vorschriften verstoßen oder verbotene Vernehmungsmethoden im Sinne des § 136a StPO angewendet zu haben.

Tipp:

Dieser Taktik kann mit sorgfältiger Ermittlungsarbeit unter Einhaltung der gesetzlichen Vorgaben und genauer Dokumentation von Ermittlungshandlungen in den Akten vorgebeugt werden. In der Hauptverhandlung sollte dann auf den Akteninhalt verwiesen werden. Hierzu ist es notwendig, sich sorgfältig auf die eigene Vernehmung als Zeuge mithilfe des vorhandenen Aktenmaterials vorzubereiten.

3. Rollentauschtaktik

Bei der Rollentauschtaktik versucht der Verteidiger, den Zeugen zur Hauptfigur des Verfahrens zu machen. Dazu gehört eine intensive Befragung des Zeugen, bei der dieser sich ständig rechtfertigen muss. Typisch sind Vorwürfe einer unsauberen Ermittlungstaktik, eines Verstoßes gegen rechtsstaatliche Verfahrensgrundsätze und die Missachtung jeglicher Objektivität durch einseitige Ermittlungen. So beispielsweise die Frage: *„Warum haben Sie nicht dieses/jenes ermittelt, damit hätte mein Mandant entlastet werden können?"*. Wie bei der Verhinderungstaktik kann mit sorgfältiger, gesetzmäßiger und in den Akten gut dokumentierter Ermittlungsarbeit sowie einer intensiven Vorbereitung der eigenen Zeugenaussage dieser Taktik am effektivsten entgegengetreten werden. Die teilweise im Zusammenhang mit der Ermittlungstätigkeit gestellten Fragen nach Grund, Beginn und Dauer von polizeilichen Einsatztaktiken und technischen Einsatzmitteln dürfen nur beantwortet werden, wenn eine entsprechende Aussagegenehmigung vorliegt. Ist dies nicht gegeben, muss darauf verwiesen werden.

Tipp:

Besteht keine Verschwiegenheitspflicht, sollte der Polizeibeamte darauf achten, nur über die hinterfragten Einsätze Auskunft zu geben, die er selbst durchgeführt hat bzw. an denen er beteiligt war. Um dies beurteilen zu können, ist auch hier eine gute Vorbereitung mittels des vorhandenen Aktenmaterials notwendig. Teilweise wird auch pauschal die unsaubere Ermittlungsarbeit des polizeilichen Zeugen kritisiert. Dabei handelt es sich dann zumeist um keine konkrete Frage, sondern um eine Erklärung des Verteidigers, auf die der Zeuge mangels Frage auch nicht zu antworten braucht.

4. Provokationstaktik

Mit dieser Taktik soll der Zeuge zu einem für den Beweiswert schädlichen Aussageverhalten provoziert werden. Hierzu verwendet der Verteidiger bevorzugt Wiederholungsfragen. Indem dem Zeugen ständig inhaltsgleiche Fragen gestellt werden, wird versucht, den Zeugen zu ermüden oder aus der Fassung zu bringen. Zumeist werden die Fragen teilweise umformuliert, um einer ansonsten wegen Unzulässigkeit drohenden Zurückweisung durch den Vorsitzenden vorzubeugen. Für das Zeugenverhalten gilt das bereits oben bei der Verunsicherungstaktik Erläuterte. Zur Provokation dienen auch besonders herausfordernde Fragen aus dem persönlichen/intimen Bereich des Zeugen, wie Fragen nach außerehelichen Beziehungen oder homosexuellen Neigungen. Auch Fragen zur allgemeinen Tätigkeit als Polizeibeamter werden zur Provokation eingesetzt: *„Wie kommt es, dass wehrlose Personen von der Polizei misshandelt werden?“ „Wie oft trinken Sie im Dienst?“* An den Beispielen zeigt sich, dass diese Taktik auch oftmals mit Suggestivfragen kombiniert wird, um die Fragen noch provokanter erscheinen zu lassen.

Tipp:

Der Polizeibeamte sollte auf diese Fragen möglichst ruhig und sachlich reagieren, keine Antwort einfach verweigern oder nur mit ja/nein antworten. Auch eine Diskussion mit dem Verteidiger über den Sinn der Frage oder aber eine Gegenfrage an den Verteidiger sollte der Polizeibeamte vermeiden. Wie bereits oben bei der Verhinderungstaktik erläutert, kann der polizeiliche Zeuge bei mehrfachen Wiederholungsfragen darauf hinweisen, dass er die Frage schon mehrfach beantwortet hat. Bei eindeutig unzulässigen Fragen, was allerdings nur sehr selten der Fall sein wird, sollte der Zeuge diese beim Vorsitzenden in der oben beim Fragerecht beschriebenen Art beanstanden. Grundsätzlich ist aber eine Rüge der Unzulässigkeit einer Frage zu vermeiden. Als professioneller Zeuge muss der Polizeibeamte – was sicherlich nicht immer leichtfällt – bestrebt sein, sich einfach nicht provozieren zu lassen und jede Frage zu beantworten.

V. Vorbereitung des Verteidigers auf die Hauptverhandlung

Eine effektive Verteidigung erfordert ein am Verteidigungsziel ausgerichtetes Verteidigungskonzept sowie eine damit verbundene Vorbereitung auf die Hauptverhandlung und somit auch auf die hier interessierende Zeugenvernehmung in der Beweisaufnahme.

1. Entwicklung eines Verteidigungskonzepts

Eine Verteidigung beginnt regelmäßig damit, dass der Verteidiger ein Gespräch mit dem zumeist bereits beschuldigten Mandanten führt und Akteneinsicht bei der Staatsanwaltschaft beantragt. Als nächstes muss ein Verteidigungskonzept entwickelt werden.[311] Dies ist notwendig, um aktiv Einfluss auf den Ausgang des Strafverfahrens nehmen zu können und damit das bestmögliche Ergebnis für den beschuldigten Mandanten zu erreichen. Der Verteidiger muss daher zusammen mit seinem Mandanten zunächst das Ziel der Verteidigung festlegen. Dies kann beispielsweise ein Freispruch, eine Einstellung oder aber eine möglichst milde Strafe sein. Dabei wird der Verteidiger das Ziel weniger am Wunsch seines Mandanten orientieren, der im Zweifel immer einen Freispruch oder zumindest eine Einstellung erreichen möchte. Vielmehr richtet sich das Verteidigungsziel an den faktischen und rechtlichen Möglichkeiten der Sache aus. Diese erschließen sich im Wesentlichen aus den Angaben des Mandanten und dem Inhalt der Ermittlungsakten. Hierbei muss auch die persönliche, berufliche und familiäre Situation des Mandanten berücksichtigt werden. Beispielsweise kann eine Verurteilung zu einer Freiheitsstrafe disziplinarrechtliche oder berufsrechtliche Folgen nach sich ziehen.[312] Davon ausgehend muss die Verteidigungsstrategie festgelegt werden, mit der das Verteidigungsziel am ehesten erreicht werden kann. Eine Weichenstellung für den Ausgang des Strafverfahrens findet dabei oftmals bereits im Ermittlungsverfahren statt, da nach Anklageerhebung die meisten Strafverfahren mit einer Verurteilung des Angeklagten enden.

Merke:

Aus Sicht der Verteidigung besteht in der Hauptverhandlung die Gefahr, dass diese sich in einem bloßen Nachvollzug der aktenmäßig erfassten Ergebnisse des Ermittlungsverfahrens erschöpft.[313] Dies zu verhindern, ist Aufgabe des Verteidigers und bedarf daher einer gründlichen Vorbereitung der Hauptverhandlung und insbesondere der Zeugenvernehmungen in der Beweisaufnahme.

Hierbei ist zu beachten, dass sich Verteidigungen vor dem Amtsgericht oftmals von solchen vor dem Landgericht als Eingangsgericht unterscheiden. So hat die Verteidigung vor dem Amtsgericht in der Regel einen wesentlich kommunikativeren Charakter als vor dem Landgericht.[314] Die strenge Wah-

311 Ausführlich *Schlothauer*, Rn. 1 ff.

312 Hierzu *König*, in: Ziegert, S. 155, 156.

313 *Schlothauer*, S. 1.

314 *König*, in: Ziegert, S. 155, 215.

rung der Verfahrensregeln besitzt dort eine eher untergeordnete Bedeutung, es überwiegt ein informeller Umgang. Das hängt mit dem schon erörtertem Instanzenzug[315] in Strafsachen zusammen. Bei der erstinstanzlichen Zuständigkeit des Amtsgerichts – die den weitaus größten Teil der Strafverfahren ausmacht – steht durch das Rechtsmittel der Berufung eine zweite Tatsacheninstanz zur Verfügung. Bei erstinstanzlicher Zuständigkeit des Landgerichts, d. h. insbesondere bei Verbrechen, bei denen eine höhere Freiheitsstrafe als vier Jahre zu erwarten ist (§ 74 I 1 GVG i. V. m. § 24 I Nr. 2 GVG) und bei den in § 74 II GVG genannten Katalogtaten, wie Mord und Totschlag, existiert hingegen keine zweite Tatsacheninstanz. Das einzig mögliche Rechtsmittel der Revision erschöpft sich in der rechtlichen Überprüfung des landgerichtlichen Urteils. Somit muss sich der Verteidiger bei seiner Tätigkeit vor dem Landgericht viel intensiver auf mögliche Verfahrensfehler konzentrieren als vor dem Amtsgericht, um so einen Revisionsgrund (§§ 337, 338 StPO) zur Aufhebung des erstinstanzlichen Urteils zu finden.

2. Vorbereitung der Zeugenvernehmung

Wie das Gericht und die weiteren Verfahrensbeteiligten wird auch der Strafverteidiger zur Vorbereitung auf die Zeugenvernehmungen in der Hauptverhandlung auf die oben kurz erörterten Erkenntnisse der Glaubhaftigkeitsbeurteilung von Zeugenaussagen zurückgreifen.[316] Wichtigstes Instrument der Vorbereitung ist jedoch das Aktenstudium. Grundlage einer sachgerechten Vorbereitung auf die Hauptverhandlung ist die präzise und aktuelle Kenntnis der Ermittlungsakten.[317] Da die zur Hauptverhandlung geladenen Zeugen regelmäßig bereits im Ermittlungsverfahren vernommen worden sind, bereitet der Verteidiger sich mit Hilfe der in den Ermittlungsakten vorhandenen Vernehmungsprotokolle auf die Zeugenvernehmungen in der Hauptverhandlung vor.

Merke:

Bei der Vorbereitung der Hauptverhandlung ist der Verteidiger entsprechend seiner oben dargelegten Stellung und Funktion im Strafverfahren nicht objektiv, sondern einseitig von den Interessen des Mandanten bzw. dem Verteidigungsziel und der dahin führenden Strategie bestimmt.

315 Siehe 2. Kapitel I. 2. c) u. d).

316 Siehe auch 3. Kapitel III. 3. b).

317 *Klemke/Elbs*, Rn. 658.

Polizeibeamte werden in der Praxis häufig als Zeugen vernommen, um letztlich die aus den Ermittlungsakten bekannten Erkenntnisse zu bestätigen. Wie bereits erwähnt, muss jedoch aus Sicht des Verteidigers eine reine Bestätigungsvernehmung vermieden und das Gericht zu einer kritischen Würdigung des Beweiswerts der polizeilichen Zeugenaussage in der Hauptverhandlung veranlasst werden. Zur Vorbereitung wird der Verteidiger daher mit Hilfe der Ermittlungsakten Fehler und Unklarheiten in der Ermittlungsarbeit der Polizei, beispielsweise bei der Vernehmung des Beschuldigten im Ermittlungsverfahren suchen, um so den Beweiswert der Ermittlungsergebnisse in der Hauptverhandlung in Frage zu stellen. So lautet die Empfehlung in einem Handbuch zur Strafverteidigung: *„Es wird dem Verteidiger selten etwas nützen, die polizeiliche Ermittlungsarbeit pauschal zu kritisieren oder den Ermittlungsbeamten aggressiv zu befragen. Ich empfehle, die Ermittlungen und die Vernehmungsprotokolle darauf zu überprüfen, ob sie lege artis durchgeführt wurden.“*[318]

3. Fragenkatalog zur Zeugenvernehmung

Ein möglicher Fragenkatalog des Verteidigers zur Vorbereitung auf die Vernehmung des Polizeibeamten in der Hauptverhandlung könnte in Grundzügen wie folgt aussehen:[319]

Im Hinblick auf die Tatsachenermittlungen stellen sich folgende Fragen:
- Sind alle Ermittlungsvorgänge aktenkundig gemacht worden?
- Sind entlastende Tatsachen ermittelt worden?
- Sind die Rechtsfolgen der Tat aufgeklärt worden?

Diese Fragen betreffen rechtliche Aspekte. Für die amtliche Ermittlungsakte gilt der erörterte Grundsatz der Aktenvollständigkeit, der für das wichtige Recht der Verteidigung auf Akteneinsicht (§ 147 StPO) elementar ist. Bei begründeten Zweifeln an der Aktenvollständigkeit muss das Gericht dem nachgehen.[320] Auch ist die Polizei verpflichtet, entlastende Tatsachen sowie Umstände, die für die Bestimmung der Rechtsfolgen der Tat von Bedeutung sind (§§ 160 III, 163 StPO), zu ermitteln. Zu Letzterem zählen beispielsweise Umstände, die für die Strafbemessung, die Strafaussetzung zur Bewährung, die Nebenstrafen und Nebenfolgen oder die Anordnung von Maßregeln der Besserung und Sicherung (§§ 61 ff. StGB) von Bedeutung sein können (RiStBV Nr. 15 I).

---

318 *Nack,* in: Ziegert, S. 219, 274 f.

319 Ausführlich *Bender/Nack/Treuer,* Rn. 1452 ff.; *Nack,* in: Ziegert, S. 219, 275 ff.; *Klemke/Elbs,* Rn. 1122.

320 BVerfGE 63, 45, 65.

Hinsichtlich der Beschuldigtenvernehmung im Ermittlungsverfahren interessieren insbesondere folgende Fragen:[321]
- Fand ein informatorisches Vorgespräch statt?
- Wurde vollständig und rechtzeitig belehrt?
- Sind Fragen, Vorhalte und Antworten mitprotokolliert worden?
- Wie war die Befragungstechnik?
- Wie lange dauerte die Vernehmung?
- Wie war der Zustand des Vernommenen während der Vernehmung?
- Wie waren die Begleitumstände der Vernehmung?
- Warum wurde die Tat gestanden?
- Wurde das Geständnis richterlich protokolliert?

Dieser Fragenkomplex beinhaltet rechtliche Probleme sowie tatsächliche Umstände der Beschuldigtenvernehmung und damit die Qualität der polizeilichen Ermittlungstätigkeit im konkreten Fall. Der polizeiliche Zeuge sollte sich stets darüber bewusst sein, dass der Verteidiger die polizeiliche Arbeit des Zeugen und seiner Kollegen hinterfragen wird, um mögliche Fehler und daraus resultierende Beweisverwertungsverbote oder im Beweiswert geminderte Beweismittel herauszuarbeiten. Dem kann am effektivsten durch sorgfältige und rechtlich beanstandungsfreie Ermittlungstätigkeit entgegengetreten werden.

Tipp:

Eine ausführliche Dokumentation der polizeilichen Ermittlungen ist dabei nicht nur rechtlich notwendig, sondern auch für die Vorbereitung des Polizeibeamten auf seine Vernehmung vor Gericht als Gedächtnisauffrischung unerlässlich. Nur so ist es dem Polizeibeamten möglich, sich an länger zurückliegende Sachverhalte detailliert zu erinnern.

Zur Aussage des Polizeibeamten und seiner Vorbereitung werden folgende sog. Filterfragen[322] eingesetzt:
- Hat der Polizeibeamte das vorhandene Aktenmaterial, insbesondere das Protokoll der Beschuldigtenvernehmung vor seiner Aussage durchgelesen?
- Beschränkt sich die Aussage auf die Wiedergabe des Akteninhalts?
- Woran erinnert sich der Polizeibeamte selbst?
- Was ist eigene Wahrnehmung und was Schlussfolgerung?
- Hat sich der Polizeibeamte mit seinen Kollegen über den Vorgang unterhalten?

321 Hierzu ausführlich *Bender/Nack/Treuer*, Rn. 1464 ff.

322 Hierzu *Bender/Nack/Treuer*, Rn. 1437 ff.

Der Verteidiger wird solche Fragen meistens zu Beginn seiner Befragung stellen, um die Beweisgrundlage zu klären. Wie bereits oben ausgeführt,[323] ist für den Beweiswert der polizeilichen Zeugenaussage entscheidend, ob der in diesem Fall als Zeuge vom Hörensagen vernommene Polizeibeamte sich selbst erinnert oder aber nur zuvor aus der Ermittlungsakte angelesenes Wissen wiedergibt. Auch durch Gespräche mit Kollegen kann die Erinnerung des Zeugen beeinflusst werden, indem einzelne Informationen überlagert und Gruppenvorurteile verstärkt werden.[324] Seine Aussage ist damit weniger zuverlässig.

Tipp:

Der Polizeibeamte muss sich also vor seiner Aussage selbst darüber im Klaren sein, woran er sich noch erinnert, woran er sich aufgrund der Vorbereitung wieder erinnert und was lediglich angelesenes oder von Kollegen übernommenes Wissen ist.

An diesem beispielhaften Fragenkatalog zeigt sich, dass die Gefahren für den polizeilichen Zeugen weniger in den beschriebenen Fragetaktiken oder der grundsätzlichen Haltung des Verteidigers gegenüber Polizeibeamten liegen, sondern in den Frageinhalten. Versuche der Verteidigung, den Polizeizeugen als unglaubwürdig darzustellen, haben in der Praxis zumeist keinen Erfolg.[325] Die kritischen Fragen orientieren sich vielmehr an den rechtlichen Vorgaben, von deren Beachtung jeweils Beweiswert und Beweisverwertbarkeit abhängen. Das Ziel der Verteidigung besteht insoweit darin, den Beweiswert der den Beschuldigten regelmäßig belastenden Aussage des Polizeibeamten zu minimieren. Die beste Möglichkeit, diesen kritischen Fragen der Verteidigung sachlich und ruhig zu begegnen, liegt – wie bereits bei einigen Fragetaktiken erläutert – in einer sorgfältigen, rechtlich nicht zu beanstandenden Ermittlungstätigkeit. Umso weniger Fehler und Ungenauigkeiten bei den Ermittlungen und deren Dokumentation in den Akten geschehen, desto weniger Angriffsfläche wird der Verteidigung geboten.

Tipp:

Der Polizeibeamte sollte bei seinen Ermittlungen stets bedenken, dass in allen Verfahrensabschnitten die polizeilichen Protokolle eine dominierende Rolle für die Verteidigungsarbeit haben[326] und daher entsprechend sorgfältig seine Ermittlungen durchführen und protokollieren.

---

323 Siehe 3. Kapitel II. 1. e) cc).

324 *Bender/Nack/Treuer*, Rn. 1430 ff.

325 So auch *Schlothauer*, Rn. 91a.

326 Vgl. *Dahs*, Rn. 250 f.

6. Kapitel
Vernehmungsfehler im Ermittlungsverfahren

Im Folgenden wird auf einige typische Vernehmungsfehler im Ermittlungsverfahren eingegangen. Dabei beschränkt sich die Darstellung im Wesentlichen auf die polizeiliche Beschuldigtenvernehmung, da in der gerichtlichen Praxis der Polizeibeamte häufig als Zeuge vom Hörensagen über die Vernehmung des Beschuldigten aussagen muss. Diese Konstellation stellt sich immer dann, wenn der Beschuldigte im Ermittlungsverfahren vor der Polizei Angaben getätigt hat, aber nunmehr als Angeklagter vor Gericht von seinem Schweigerecht Gebrauch macht. Wie bereits dargelegt,[327] ist dann das polizeiliche Protokoll der Beschuldigtenvernehmung nicht als Urkundenbeweis vor Gericht verlesbar, da nur Erklärungen des Angeklagten in einem richterlichen Vernehmungsprotokoll als Urkundenbeweis in der Hauptverhandlung verlesen werden dürfen (§ 254 I StPO). Je nach Bedeutung der Aussage des Beschuldigten sollte daher im Ermittlungsverfahren gegebenenfalls eine richterliche Vernehmung des Beschuldigten veranlasst werden, um damit schon einmal einen gerichtsverwertbaren Urkundenbeweis zu schaffen. In den meisten Fällen findet jedoch keine richterliche Vernehmung statt und der Polizeibeamte muss als Zeuge vor Gericht aussagen. Mögliche Fehler der polizeilichen Beschuldigtenvernehmung, die sich in den Ermittlungsakten finden lassen und nach denen – wie oben beschrieben – insbesondere der Verteidiger suchen wird, werden so zum Thema der Zeugenvernehmung des Polizeibeamten vor Gericht. Solche Fehler, die rechtlicher und tatsächlicher Art sein können, wirken sich auf den Beweiswert der polizeilichen Zeugenaussage negativ aus oder führen gar zu einem Beweisverwertungsverbot. Hierzu zählen insbesondere Fehler bei Belehrung, Vernehmung und Protokollierung.

I. Beschuldigtenbelehrung

Polizeibeamte müssen den Beschuldigten bei Beginn der sog. ersten Vernehmung über die ihm zustehenden Rechte belehren (§ 163a IV 2 i. V. m. § 136 I 2 bis 6 StPO). Belehrungsfehler können zu Beweisverwertungsverboten führen. Zur Vermeidung solcher Fehler sind zwei Aspekte von besonderem Interesse. Zum einen der richtige Zeitpunkt für die Beschuldigtenbelehrung und zum anderen der Inhalt derselben.

327 Siehe 2. Kapitel II. 2.

1. Folgen von Belehrungsfehlern

Fehlende, zu spät erfolgte oder unvollständige Beschuldigtenbelehrungen stellen nach ständiger Rechtsprechung des BGH nicht eine bloße Verletzung von Ordnungsvorschriften dar, sondern von zwingendem Recht. Sie haben in den meisten Fällen ein Beweisverwertungsverbot zur Folge.[328] Die von der Polizei gewonnenen Erkenntnisse aus dem Ermittlungsverfahren werden damit für die Entscheidungsfindung des Gerichts unbrauchbar. Diese für das Strafverfahren gegen den Beschuldigten bedeutsamen rechtlichen Konsequenzen liegen in der Funktion der Beschuldigtenvernehmung begründet.

Entgegen der oftmals in der polizeilichen Praxis vorherrschenden Auffassung dient die Vernehmung des Beschuldigten in erster Linie nicht der Sachverhaltsaufklärung, sondern seiner Verteidigung.[329] Dies ergibt sich aus § 136 II StPO, wonach der Beschuldigte Gelegenheit erhalten soll, Verdachtsgründe zu beseitigen und zu seinen Gunsten sprechende Tatsachen vorzubringen. Um sich verteidigen zu können, muss der Beschuldigte daher die Verdachtsgründe und die ihm zur Verfügung stehenden Verteidigungsrechte (schweigen, Verteidiger konsultieren, Beweisanträge stellen) kennen. Wird er in Unkenntnis gelassen, ist eine effektive Verteidigung nicht möglich und der Vernehmungszweck nicht erreicht. Um im Ermittlungsverfahren gerichtsverwertbare Beweise zu erhalten, muss daher rechtzeitig und vollumfänglich belehrt werden.

2. Belehrungszeitpunkt

Ist der zu Vernehmende bereits als Beschuldigter belehrt worden, wird er oftmals eher geneigt sein, von seinem Aussageverweigerungsrecht Gebrauch zu machen, als zur Wahrheitsermittlung beizutragen. Aus ermittlungstaktischer Sicht der Polizei ist insoweit ein möglichst später Zeitpunkt der Beschuldigtenbelehrung oftmals wünschenswert. Wird jedoch zu spät belehrt, so ist die bis dahin getätigte Aussage nicht verwertbar, mag die Taktik auch erfolgreich gewesen sein. Für gerichtsverwertbare Erkenntnisse aus der Beschuldigtenvernehmung ist die rechtzeitige Belehrung zwingende Voraussetzung. Dabei ist der rechtlich korrekte Zeitpunkt der Beschuldigtenbelehrung abhängig vom Beschuldigtenbegriff und von der Frage, ob bereits eine belehrungspflichtige Vernehmungssituation gegeben ist.

328 Grundlegend BGHSt 38, 214, 219 ff.

329 BGHSt 25, 325, 332; LR-*Gleß*, 27. Aufl., § 136, Rn. 57; LR-*Erb*, 27. Aufl., § 163a, Rn. 83; weitergehend *Eisenberg*, Rn. 510a.

a) Beschuldigtenbegriff

Im Bereich der Vernehmungen ist aus rechtlicher Sicht zwischen dem Beschuldigten und dem Zeugen zu differenzieren. Denn wer in einem Strafverfahren Beschuldigter ist, kann nicht gleichzeitig auch Zeuge in diesem Verfahren sein.[330] Die Vernehmung eines Verdächtigen sieht die StPO, im Unterschied beispielsweise zur Durchsuchung beim Verdächtigen (§ 102 I 1 StPO), nicht vor. Der Polizeibeamte muss sich insoweit vor der Vernehmung entscheiden, ob die zu vernehmende Person ein Zeuge bzw. ein verdächtiger Zeuge (§ 55 StPO beachten) oder ein Beschuldigter ist und diese dann entsprechend den gesetzlichen Vorgaben belehren. Ausgangspunkt ist somit die Frage, wann die Beschuldigteneigenschaft beginnt.

aa) Beschuldigter

Beschuldigter ist derjenige, gegen den das Strafverfahren betrieben wird.[331] Dabei vereinigt der Beschuldigtenbegriff objektive und subjektive Elemente.[332] Die Begründung der Beschuldigteneigenschaft ist vom Verfolgungswillen der Strafverfolgungsbehörden abhängig (subjektiv), der durch einen Willensakt nach außen manifestiert werden muss (objektiv).[333] Dies kann beispielsweise die Einleitung eines Ermittlungsverfahrens gegen den Betroffenen oder eine Zwangsmaßnahme sein, die nur gegen den Beschuldigten zulässig ist,[334] wie eine vorläufige Festnahme nach § 127 StPO oder die Anordnung einer Blutentnahme nach § 81a II StPO. Grundsätzlich kommt – in Anlehnung an § 397 I AO – jede Maßnahme der Strafverfolgungsbehörden in Betracht, die erkennbar darauf abzielt, gegen jemanden wegen einer Straftat vorzugehen. Im Bereich der Vernehmungen genügt zur Begründung der Beschuldigteneigenschaft insoweit schon die Art und Weise der Vernehmung.[335] Der Verfolgungswille ergibt sich aus dem Ziel, der Gestaltung und den Begleitumständen der Vernehmung. Abzustellen ist dabei auf die Wirkung der Vernehmung nach außen, insbesondere auf die Wahrnehmung des Vernommenen.[336] Hierbei sind durchaus Fallgestaltungen möglich, in denen auch ein Verdächtiger als Zeuge vernommen werden kann (vgl. § 55 StPO), ohne dass er über die Beschuldigtenrechte belehrt werden muss. Der Vernehmende darf dabei auch die Verdachtslage weiter abklären und sogar

330 BGHSt 10, 8, 10.
331 BGHSt 34, 138, 140.
332 BGH, NJW 2019, 2627, 2630.
333 BGHSt 38, 214, 228.
334 BGH, NJW 2019, 2627, 2630.
335 BGHSt 51, 367 ff.
336 BGHSt 51, 367, 373.

den Vernommenen mit dem Tatverdacht konfrontieren.[337] Wenn jedoch die Fragen und Vorhalte des Polizeibeamten bei der Vernehmung eines verdächtigen Zeugen erkennbar darauf abzielen, ihn als Täter zu überführen und ein Geständnis zu erhalten, muss der Vernommene als Beschuldigter behandelt und entsprechend belehrt werden. Die bisherige Zeugenvernehmung ist abzubrechen und nach einer (ggf. qualifizierten[338]) Beschuldigtenbelehrung als Beschuldigtenvernehmung fortzusetzen.

bb) Anfangsverdacht

Weiterhin besteht nach dem Legalitätsprinzip eine Pflicht, den verdächtigen Zeugen zum Beschuldigten zu „machen“, wenn zureichende tatsächliche Anhaltspunkte für den Verdacht einer Straftat (§§ 152 II, 160 I StPO) gegen diese Person bestehen. Dieses neben den Willen des Strafverfolgungsorgans tretende Kriterium zur Bestimmung der Beschuldigteneigenschaft erfordert einen Anfangsverdacht gegen die betreffende Person. Dazu muss nach kriminalistischer Erfahrung die Möglichkeit bestehen, dass eine verfolgbare Straftat vorliegt und auf eine naheliegende Möglichkeit der Täterschaft oder Teilnahme dieser Person ernstlich zu schließen ist.[339] Notwendig sind hinreichend gesicherte konkrete Erkenntnisse. Bloße Vermutungen genügen nicht. Entscheidend für die Frage der Beschuldigteneigenschaft ist dabei die Stärke des Anfangsverdachts, die sich danach beurteilt, inwieweit der Tatverdacht auf hinreichend gesicherten Erkenntnissen hinsichtlich Tat und Täter oder hauptsächlich auf kriminalistischer Erfahrung beruht.[340] Hierbei steht den Ermittlungsbehörden ein Beurteilungsspielraum zu, der jedoch nicht missbraucht werden darf, um den Zeitpunkt der Beschuldigtenbelehrung möglichst weit hinauszuschieben.[341] Die missbräuchliche Verwendung kann einen Verstoß gegen den Grundsatz des fairen Verfahrens nach Art. 6 I 1 EMRK begründen.[342] Eine verspätete Beschuldigtenbelehrung führt grundsätzlich zur Unverwertbarkeit der ohne Belehrung getätigten Angaben.

b) Belehrungspflichtige Vernehmungssituation

Die Vernehmung ist eine Befragung, die von einem Angehörigen der Strafverfolgungsorgane mit dem Ziel der Gewinnung einer Aussage durchgeführt wird, wobei der Vernehmende der zu vernehmenden Person in amtlicher

337 BGH, NJW 2019, 2627, 2630.
338 Hierzu unten 6. Kapitel I. 3. b).
339 BGHSt 37, 48, 51 f.; 53, 112, 114.
340 BGH, NJW 2019, 2627, 2630.
341 BGHSt 38, 214, 228.
342 BGH, JR 2005, 300.

Funktion gegenübertritt und in dieser Eigenschaft Auskunft verlangt.[343] Die drei entscheidenden Voraussetzungen sind somit die amtliche Funktion des Vernehmenden, die Erkennbarkeit dieser Funktion für den zu Vernehmenden und das Auskunftsersuchen des Vernehmenden.[344] Führt beispielsweise eine Privatperson oder ein V-Mann für die Polizei ein Gespräch mit einem Tatverdächtigen, so handelt es sich nicht um eine Vernehmung.[345] Gleiches gilt, wenn der Polizeibeamte, etwa bei einem Telefonat, seine amtliche Funktion verschweigt. In der Praxis häufig vorkommende Vernehmungskonstellationen, die teilweise auch als vernehmungsähnliche Situationen[346] bezeichnet werden, sind die Spontanäußerung, die Informatorische Befragung und das informatorische Vorgespräch.

aa) Spontanäußerung

Bei einer sog. Spontanäußerung geht die Initiative zur Mitteilung von der Auskunft gebenden Person aus, die aus freien Stücken ungefragt Angaben macht. Mangels Befragung des Vernehmenden fehlt es am Auskunftsersuchen. Weder liegt eine Vernehmung vor, noch ist eine Belehrung notwendig.[347] Dies ändert sich, wenn der Polizeibeamte auf diese spontanen Äußerungen hin Nachfragen stellt. Von diesem Moment an liegt ein Auskunftsersuchen und damit eine Vernehmung vor. Der Vernommene muss dann auch entsprechend als Beschuldigter belehrt werden.

bb) Informatorische Befragung

Die sog. Informatorische Befragung i. e. S. ist nach den genannten Kriterien eine Vernehmung.[348] Sie betrifft das Herumfragen, ob überhaupt Anhaltspunkte für eine Straftat bestehen und wer als Zeuge oder Beschuldigter in Betracht kommt, beispielsweise beim Herumfragen am Tatort, um erste Informationen zu gewinnen, oder bei verdachtsunabhängigen Verkehrskontrollen. Der Sache nach handelt es sich um Zeugenanhörungen.[349] Nach der Rechtsprechung sind dies – unabhängig von ihrem Vernehmungs- bzw. Anhörungscharakter – formlose Vorgespräche, die ohne Belehrung zulässig sind.[350] Erst wenn die Auskunftsperson nach den genannten Kriterien Beschuldigter ist, muss eine Belehrung erfolgen.

---

343 BGHSt GSSt 42, 139, 145 f.; BGHSt 40, 211, 213.

344 *Kramer*, Rn. 28a.

345 BGHSt GSSt 42, 139, 145.

346 Vgl. BGHSt GSSt 42, 139, 148.

347 BGH, StV 1990, 194.

348 Hierzu *Adler*, in: Hermanutz/Litzcke, S. 33, 37.

349 *Eisenberg*, Rn. 509 m. w. N.

350 BGHSt 38, 214, 227 f.

cc) Vorbesprechung

Der eigentlichen Vernehmung wird regelmäßig und notwendigerweise eine sog. Vorbesprechung, auch als Vor-[351] oder Kontaktgespräch[352] bezeichnet, vorgeschaltet. Diese dient dem Ziel, eine gute Vernehmungsatmosphäre zu schaffen, einen ersten Zugang zu der zu vernehmenden Person herzustellen und die nachfolgend protokollierte Vernehmung zu straffen. In der Praxis werden Vorbesprechungen oftmals ohne Belehrung geführt, die dann erst vor der eigentlichen Vernehmung erfolgt. Da solche Vorbesprechungen jedoch regelmäßig auch den Anlass der Vernehmung beinhalten, betreffen sie damit bereits den Tatvorwurf. Insoweit sind sie rechtlicher Bestandteil der Vernehmung, so dass stets eine vorausgehende Belehrung notwendig ist.[353] Darüber hinaus kommt eine Täuschung nach § 136a I StPO in Betracht, wenn dem Beschuldigten suggeriert wird, es handele sich um ein „unverbindliches“ Vorgespräch, dem die eigentliche „offizielle“ Vernehmung erst nachfolge.[354] Würde also der Beschuldigte in dem ohne Belehrung geführten Vorgespräch bereits Belastendes äußern, nach der Beschuldigtenbelehrung jedoch von seinem Aussageverweigerungsrecht Gebrauch machen, wären seine Angaben aus dem Vorgespräch mangels Belehrung oder gar wegen Täuschung nicht verwertbar.

Tipp:

Der Beschuldigte sollte möglichst früh und damit vor dem den Tatvorwurf betreffenden Vorgespräch belehrt werden. Lediglich die zuvor notwendige Konversation im Sinne eines Kennenlernens, beispielsweise mit dem zur Vernehmung auf der Dienststelle erscheinenden Beschuldigten, ist ohne Belehrung möglich. Dabei muss aber der Bezug zum Tatvorwurf vermieden werden.

3. Belehrungsinhalt

Der Beschuldigte ist vor seiner ersten Vernehmung durch die Polizei (§ 163a IV StPO) stets über seine Rechte nach § 136 I 2 bis 6 StPO zu belehren. Darüber hinaus sind in bestimmten Fällen weitere Belehrungen und Hinweise erforderlich. Wird die erste Vernehmung später durch eine weitere Vernehmung des Beschuldigten über denselben Tatvorwurf er-

351 *Artkämper/Schilling,* Rn. 186 ff.

352 *Habschick,* S. 125.

353 LR-*Erb,* 27. Aufl., § 163a, Rn. 86.

354 AG Delmenhorst, StV 1991, 254.

gänzt, so ist eine erneute Belehrung nicht zwingend erforderlich,[355] jedoch empfehlenswert, da der Beschuldigte nicht ohne weiteres erkennen kann, dass er die Rechte aus § 136 I 2 bis 6 StPO auch bei der erneuten Vernehmung hat.[356] Anders jedoch, wenn sich der Tatvorwurf ändert oder erweitert. Auch wenn die erste Vernehmung schon mehrere Jahre zurückliegt, gebieten fürsorgliche Gründe und der Belehrungszweck eine erneute Belehrung.[357] Grundsätzlich muss jeder Beschuldigte über seine Rechte belehrt werden, unabhängig davon, ob er seine Rechte kennt oder nicht.[358] Allerdings führt eine unterbliebene Belehrung eines Beschuldigten, der seine Rechte kennt, nicht zu einem Beweisverwertungsverbot.[359] Allein aus der Tatsache, dass jemand bereits Vorstrafen hat, kann jedoch nicht auf die Kenntnis seiner Beschuldigtenrechte geschlossen werden.[360] Im Zweifel ist stets von einer Unkenntnis des Beschuldigten auszugehen. Erscheint der Beschuldigte zur Vernehmung mit seinem Verteidiger, ist hingegen ausnahmsweise davon auszugehen, dass er seine Rechte kennt.[361] Trotzdem muss auch in diesen Fällen belehrt werden, da das Gesetz keine Ausnahme von der Belehrungspflicht enthält. Für die polizeiliche Praxis hat dies zur Folge, jeden zu belehren, mag er auch darauf hinweisen, seine Rechte zu kennen. Dies ist rechtlich geboten und auch sinnvoll, da selbst derjenige, der mit der Rechtslage vertraut ist, sich als Beschuldigter in einer besonderen Situation befindet und daher möglicherweise einen entsprechenden rechtlichen Hinweis benötigt, um „klare Gedanken" fassen zu können.[362]

Merke:

Entscheidend ist nicht der Wortlaut der Beschuldigtenbelehrung, sondern dass der Beschuldigte die Inhalte richtig erfasst.[363]

Dazu kann es notwendig sein, den Belehrungsinhalt dem Beschuldigten auf einem für ihn verständlichen Sprachniveau mitzuteilen. Bei unter Alkohol-, Betäubungsmitteleinfluss oder Schock stehenden Personen kann das erforderliche Verstehen der Belehrung fehlen. Dann muss die Belehrung und damit die Vernehmung zu einem späteren Zeitpunkt durchgeführt werden,

---

355 *Kramer*, Rn. 27.

356 Heghmanns/Scheffler-*Jahn*, II. Kapitel, Rn. 110.

357 BGHSt 47, 172, 175.

358 BGHSt 47, 172, 173.

359 BGHSt 38, 214, 224 f.; 47, 172, 173.

360 BGHSt 38, 214, 225.

361 BGHSt 38, 214, 225.

362 BGHSt 47, 172, 173.

363 *Eisenberg*, Rn. 564.

da durch das fehlende Verstehen der Belehrungszweck nicht erreicht wird. Dies kommt faktisch einer fehlenden Belehrung gleich und hätte bei einer durchgeführten Vernehmung ein Beweisverwertungsverbot des Inhalts zur Folge.[364]

a) Belehrung nach § 163a IV 2 i.V.m. § 136 I 2 bis 6 StPO

§ 136 I 2 bis 6 StPO beinhaltet die Belehrung über die Aussagefreiheit, das Recht zur Verteidigerkonsultation mit den Möglichkeiten der Bestellung eines Pflichtverteidigers und zum Beantragen von Beweiserhebungen. Kommt ein Täter-Opfer-Ausgleich in Betracht, so ist der Beschuldigte darauf hinzuweisen. In geeigneten Fällen muss über die Möglichkeit der schriftlichen Äußerung belehrt werden. Diese Äußerungsform kommt beispielsweise bei umfangreichen Einlassungen oder dann in Betracht, wenn der Beschuldigte erklärt, dass er vor seiner Einlassung einen Verteidiger konsultieren will oder für die Einlassung eine vorhergehende Auswertung umfangreicher Unterlagen notwendig ist.[365]

aa) Aussageverweigerungsrecht

Die Belehrung über das Aussageverweigerungsrecht soll klarstellen, dass der Beschuldigte sich nicht äußern muss, obwohl er einem Polizeibeamten in amtlicher Eigenschaft gegenübersteht. Eine unvollständige oder gar fehlende Belehrung über die Aussagefreiheit führt zu einem Beweisverwertungsverbot der Aussage des Beschuldigten.[366] Teilt der Beschuldigte mit, dass er sich nicht äußern will, ist dies zu akzeptieren und Nachfragen nach den Schweigegründen sind nicht erlaubt. In keinem Fall darf der Beschuldigte zu einer Aussage überredet, jedoch in geeigneten Fällen, beispielsweise bei eindeutig gegen ihn sprechender Beweislage, auf mögliche Nachteile seines Schweigens hingewiesen werden.[367] So ist ein im Anschluss an die nach Belehrung erklärte Aussageverweigerung des Beschuldigten bewusst geführtes formloses und angeblich „unverbindliches" Nachgespräch, in dem der Polizeibeamte gezielte Fragen stellt, um den unbedarften Beschuldigten zu „leichtsinnigen" belastenden Äußerungen zu bringen, gem. § 136a III 2 StPO unverwertbar. Hierin liegt eine Täuschung über die Tragweite und Verwertbarkeit der Angaben des Beschuldigten.[368] Auch das fortdauernde Befragen einer in Gewahrsam befindlichen Beschuldigten auf

364 Vgl. BGH, NJW 1994, 333 f.

365 *Schmitt*, in: Meyer-Goßner/Schmitt, § 136, Rn. 12.

366 Seit BGHSt 38, 214 ständige Rechtsprechung.

367 *Eisenberg*, Rn. 565 m. w. N.

368 AG München, StV 1990, 104 f.

dem Weg zu einer ärztlichen Untersuchung, die nach Belehrung von ihrem Aussageverweigerungsrecht Gebrauch gemacht hat, verletzt die Aussagefreiheit und führt zur Unverwertbarkeit der Angaben.[369]

Entschließt der Beschuldigte sich zur Aussage, so kann er auch über das „Wie" seiner Aussage frei entscheiden, indem er nur zeitweise oder teilweise aussagt oder sich eine Erklärung seines Verteidigers zurechnen lässt.[370] Den aussagebereiten Beschuldigten mit einem allgemeinen Hinweis zur Wahrheit zu ermahnen ist grundsätzlich nicht erlaubt, da ihn keine prozessuale Wahrheitspflicht trifft.[371] Ebenso wenig darf dem Beschuldigten, gegen den noch keine zur Überführung ausreichenden Beweise vorliegen, erklärt werden, die Aufklärung der Wahrheit liege in seinem Interesse.[372] Ausnahmsweise kann er jedoch auf unter Umständen nachteilige Folgen des Leugnens hingewiesen werden.

bb) Recht zur Verteidigerkonsultation

Zur Belehrung über das Recht, sich vor der polizeilichen Vernehmung mit einem Verteidiger zu besprechen, gehören ernsthafte Bemühungen der Polizeibeamten, dem Beschuldigten bei der Herstellung des Kontakts zu einem Verteidiger effektiv zu helfen, indem ihm Informationen zur Verfügung gestellt werden, die es ihm erleichtern, einen Verteidiger zu kontaktieren (§ 136 I 3 StPO). Hierzu zählen beispielsweise die Vorlage eines Telefon- oder Branchenverzeichnisses. Auch ist dem Beschuldigten die Benutzung des Diensttelefons zu gestatten. § 136 I 4 StPO verpflichtet darüber hinaus, auf die Telefonnummer eines anwaltlichen Notdienstes hinzuweisen. Die Empfehlung eines bestimmten Verteidigers sollte hingegen unterbleiben.[373] Verlangt der Beschuldigte nach der Belehrung einen Verteidiger zu sprechen, so ist die Vernehmung sofort zu unterbrechen.[374] Eine Verweigerung der Kontaktaufnahme mit dem Verteidiger durch die Polizeibeamten mit dem Hinweis, die Vernehmung wird so lange fortgesetzt, „bis Klarheit herrsche", führt zu einem Beweisverwertungsverbot der daraufhin erfolgten Angaben des Beschuldigten.[375] Soll die Vernehmung ohne vorangegangene Konsultation des Verteidigers fortgesetzt werden, ist dies nur zulässig, wenn sich der Beschuldigte ausdrücklich nach erneutem Hinweis auf sein Recht, einen Verteidiger hinzuzuziehen, mit der Fortsetzung der Verneh-

369 BGH, NStZ 2019, 36 f.
370 Ausführlich *Eisenberg*, Rn. 831 ff.
371 LR-*Gleß*, 27. Aufl., § 136, Rn. 63.
372 LR-*Gleß*, 27. Aufl., § 136, Rn. 66.
373 Vgl. BGHSt 42, 15, 20.
374 BGHSt 38, 372, 373.
375 BGHSt 38, 372, 373 f.

mung freiwillig einverstanden erklärt.[376] Diese erneute Belehrung sowie das Einverständnis muss aktenkundig gemacht werden. Auch Gespräche mit dem Beschuldigten, die nach der Unterbrechung der Vernehmung bis zum Eintreffen des Verteidigers geführt werden, sind zu dokumentieren.[377] Erscheint der Verteidiger, so ist ihm unverzüglich Gelegenheit zu geben, mit dem Beschuldigten unter vier Augen zu sprechen.[378] Dabei sind Sicherungsmaßnahmen gegen Flucht, Geiselnahme etc. möglich.

cc) Recht auf Bestellung eines Pflichtverteidigers

Der Beschuldigte muss weiterhin darüber belehrt werden, dass er im Falle einer notwendigen Verteidigung gem. § 140 StPO die Bestellung eines Pflichtverteidigers beantragen kann. Hierbei ist er auch auf die Kostenfolge des § 465 StPO hinzuweisen, wonach der Beschuldigte im Falle einer Verurteilung die Kosten des Verfahrens und damit auch die Kosten der Pflichtverteidigung zu tragen hat. Die Fälle der notwendigen Verteidigung sind abschließend in § 140 StPO aufgezählt und umfassen elf Alternativen in § 140 I StPO sowie vier weitere in § 140 II StPO. Die für die polizeiliche Praxis wichtigsten Fälle sind der Vorwurf eines Verbrechenstatbestandes (§ 140 I Nr. 2 StPO) und die gerichtliche Vorführung des Beschuldigten zur Entscheidung über Haft (§ 140 I Nr. 4 StPO). Der Beschuldigte hat ein eigenes Antragsrecht auf Bestellung eines Pflichtverteidigers (§ 141 I 1 StPO). Dieser Antrag ist im Ermittlungsverfahren bei der Staatsanwaltschaft oder aber den Behörden und Beamten des Polizeidienstes zu stellen (§ 142 I StPO). Der Antrag ist an keine bestimmte Form gebunden und kann daher vom Beschuldigten auch mündlich gestellt werden. Die Staatsanwaltschaft ist verpflichtet, den Antrag zusammen mit einer Stellungnahme unverzüglich, d.h. so rechtzeitig, dass die Verteidigungsrechte gewahrt bleiben,[379] dem Gericht zur Entscheidung vorzulegen (§ 142 I 2 StPO).[380] Daher muss die Belehrung des Beschuldigten auch zwingend das Antragsrecht und den zuständigen Adressaten des Antrags beinhalten.[381] Darüber hinaus zählt § 141 II 1 Nr. 1 bis 4 StPO abschließende Fälle auf, in denen dem Beschuldigten – unabhängig von seinem Antrag – ein Pflichtverteidiger von Amts wegen zu bestellen ist. Auch in diesen Fällen ist im Ermittlungsverfahren die Staatsanwaltschaft für die unverzügliche Antragstellung zuständig (§ 142 II StPO). Der hierbei für die polizeiliche Praxis wohl wichtigste Fall ist die Vorführung vor den Richter

376 BGHSt 42, 170, 173.
377 Vgl. BGH, StV 1999, 194.
378 Vgl. BGHSt 38, 372, 373.
379 *Böß*, NStZ 2020, 185, 188.
380 Zur Eilkompetenz der Staatsanwaltschaft vgl. § 142 IV StPO.
381 *Schmitt*, in: Meyer-Goßner/Schmitt, § 136, Rn. 11a.

zur Haftentscheidung (§ 141 II 1 Nr. 1 StPO). Geht es um Vorführungen aufgrund eines bereits erlassenen Haftbefehls, so liegt bereits im Zeitpunkt der Ergreifung ein Fall der notwendigen Verteidigung vor.[382] Eine Vernehmung oder Gegenüberstellung ohne vorherige Bestellung eines Verteidigers ist daher nicht erlaubt. Im Falle einer vorläufigen Festnahme liegt ein Fall der notwendigen Verteidigung hingegen erst vor, wenn die (positive) Entscheidung der Ermittlungsbehörden über die richterliche Vorführung des Beschuldigten getroffen worden ist.[383] Insoweit muss auch erst ab diesem Zeitpunkt ein Pflichtverteidiger bestellt werden. Eine polizeiliche Vernehmung zur Feststellung einer ausreichenden Tatsachengrundlage als Voraussetzung für eine richterliche Haftentscheidung und damit für die Entscheidung über die richterliche Vorführung ist daher auch vor der amtlichen Bestellung eines Pflichtverteidigers zulässig.[384]

Merke:

Sobald ein Antrag des Beschuldigten auf Bestellung eines Pflichtverteidigers erfolgt oder aber einer der in § 141 II StPO aufgeführten Fälle gegeben ist, darf eine Vernehmung oder Gegenüberstellung ohne vorherige Bestellung eines Pflichtverteidigers grundsätzlich nicht durchgeführt werden (vgl. § 141 I 2 StPO).

Nur unter den Voraussetzungen des § 141a StPO können ausnahmsweise Vernehmungen und Gegenüberstellungen des Beschuldigten auch schon vor der Verteidigerbestellung durchgeführt werden. Dies ist zum einen der Fall, wenn der Beschuldigte trotz seines Antrags auf Pflichtverteidigerbestellung mit einer vorhergehenden Vernehmung oder Gegenüberstellung einverstanden ist, was praktisch eher selten vorkommen dürfte. Darüber hinaus nennen § 141a 1 Nr. 1 und Nr. 2 StPO gravierende Gefahrenlagen bzw. erhebliche Gefährdungen des Strafverfahrens, die es dringend erfordern bzw. zwingend gebieten, bereits vor der Verteidigerbestellung eine Vernehmung oder Gegenüberstellung durchzuführen. Auch diese Konstellationen werden in der Praxis eher selten gegeben sein.[385] Hat der Beschuldigte jedoch keinen Antrag auf Bestellung eines Pflichtverteidigers gestellt und liegt auch keiner der Fälle des § 141 II StPO vor, so kann auch ohne Beistand eines Verteidigers eine Vernehmung oder Gegenüberstellung durchgeführt werden.[386]

382 *Schmitt*, in: Meyer-Goßner/Schmitt, § 141, Rn. 12.

383 *Böß*, NStZ 2020, 185, 189.

384 Vgl. BGH, NStZ 2018, 734 f.

385 So auch *Schmitt*, in: Meyer-Goßner/Schmitt, § 141a, Rn. 9.

386 *Schmitt*, in: Meyer-Goßner/Schmitt, § 141, Rn. 5.

dd) Beweisantragsrecht

Die Belehrung über das Beweisantragsrecht soll dem Beschuldigten deutlich machen, dass er sich auch in dieser Form verteidigen und gegebenenfalls entlasten kann, selbst wenn er ansonsten keine Angaben zur Sache machen will.[387] Das Recht enthält eine Verpflichtung der Strafverfolgungsbehörden, beantragte Entlastungsbeweise zu erheben, wenn sie für das Verfahren von Bedeutung sind. Die Entscheidung darüber obliegt der Staatsanwaltschaft und wird nach pflichtgemäßem Ermessen beurteilt.[388] Zumeist handelt es sich weniger um einen Beweisantrag, als vielmehr um einen Beweisermittlungsantrag, d. h. eine Anregung, einem bestimmten Beweis nachzugehen. Dabei können die ermittelnden Polizeibeamten einen Beweisantrag als Beweisanregung aufgreifen und dem Beweis nachgehen. Halten die Polizeibeamten hingegen den beantragten oder angeregten Beweis für unerheblich, so muss dies in einem Aktenvermerk oder im Schlussbericht für die Staatsanwaltschaft festgehalten werden.

b) Qualifizierte Belehrung

Ist eine notwendige Beschuldigtenbelehrung bei einer früheren Vernehmung unterblieben, etwa weil der Beschuldigte zu Unrecht zunächst als Zeuge vernommen worden ist, so muss dieser bei Beginn der nachfolgenden Vernehmung als Beschuldigter auf die Nichtverwertbarkeit der früheren Angaben ausdrücklich hingewiesen werden.[389] Diese sog. qualifizierte Belehrung ist dann neben der üblichen Belehrung nach § 163a IV 2 i. V. m. § 136 I 2 bis 6 StPO durchzuführen. Dies soll verhindern, dass ein Beschuldigter nur deshalb auf sein Aussageverweigerungsrecht verzichtet, weil er glaubt, die frühere Aussage, mit der er sich selbst belastet hat, nicht mehr aus der Welt schaffen zu können. Insoweit wird der primäre Vernehmungszweck Verteidigung (vgl. § 136 II StPO) ohne die qualifizierte Belehrung nur unvollständig ermöglicht.

Merke:

Unterbleibt die notwendige qualifizierte Belehrung, führt dies bei gezielter Umgehung der Belehrungspflichten oder bloßer Wiederholung seiner früheren Aussage zu einem Beweisverwertungsverbot.[390]

---

387 *Köhler*, in: Meyer-Goßner/Schmitt, § 163a, Rn. 8a.
388 KK-*Griesbaum,* § 163a, Rn. 9.
389 BGHSt 53, 112, 115.
390 BGHSt 53, 112, 115 f.

c) Belehrungs- und Informationspflichten in besonderen Fällen

Zu beachten sind Besonderheiten bei der Vernehmung von ausländischen und sprachunkundigen Beschuldigten sowie jugendlichen Beschuldigten.

aa) Ausländische und sprachunkundige Beschuldigte

Bei Beschuldigten mit ausländischer Staatsbürgerschaft ist die Belehrungspflicht des Art. 36 I b WÜK zu beachten,[391] wonach der verhaftete Beschuldigte die Unterrichtung der konsularischen Vertretung seines Heimatstaates verlangen kann. Diese Belehrung hat unverzüglich in schriftlicher Form mit der Festnahme zu erfolgen (§ 114b II 3 StPO). Wenn der Beschuldigte der deutschen Sprache nicht in ausreichendem Maße mächtig ist – die Staatsangehörigkeit ist irrelevant – oder es sich um einen Hör- oder Sprachbehinderten handelt, ist ein Dolmetscher kostenlos beizuziehen (Art. 6 III a, e EMRK; §§ 163a V StPO; 186 I, 187 I GVG). Die Entscheidung darüber, ob der Beschuldigte über ausreichende Sprachkenntnisse verfügt, trifft der Vernehmungsbeamte. Bei Ausländern ist stets aktenkundig zu machen, ob der Beschuldigte die deutsche Sprache so ausreichend beherrscht, dass auf einen Dolmetscher verzichtet werden kann.[392]

Tipp:

Zur Überprüfung der Sprachkenntnisse kann mit dem Beschuldigten zunächst ein Gespräch über ein beliebiges Alltagsthema geführt oder ein Schriftstück, z. B. ein Zeitungs- oder Magazinartikel, vorgelegt werden, welchen er durchlesen und dann mit eigenen Worten wiedergeben soll.[393] Die Überprüfung der Sprachkenntnisse sollte in jedem Fall als Aktenvermerk dokumentiert werden.

bb) Jugendliche Beschuldigte

Ist der Beschuldigte noch Jugendlicher, steht den Erziehungsberechtigten das Recht zu, gehört zu werden sowie Fragen und Anträge zu stellen (§ 67 I JGG). Hierbei steht ihnen auch das Recht zur Wahl eines Verteidigers zu (§ 67 II JGG). Gem. § 67 III JGG haben die Erziehungsberechtigten bei der polizeilichen Vernehmung grundsätzlich ein Anwesenheitsrecht.[394] Hierüber sind der Beschuldigte und die Erziehungsberechtigten vor der Vernehmung zu informieren (§ 67a I JGG). Es genügt, mindestens einen Erziehungsberechtigten des Jugendlichen zu informieren (§ 67 V 3 JGG). Emp-

391 BGHSt 52, 110, 112 f.; zur Frage eines Verwertungsverbots BVerfG, StV 2011, 329 ff.

392 RiStBV Nr. 181 I.

393 So auch *Artkämper/Jakobs*, Rn. 441.

394 *Sommerfeld*, in: Ostendorf, JGG, § 67, Rn. 10.

fehlenswert ist jedoch, die Mitteilung an alle Erziehungsberechtigten zu senden.[395] Eine bestimmte Form der Benachrichtigung schreibt das Gesetz dabei nicht vor. Entscheidend ist, dass die Information rechtzeitig vor der Vernehmung erfolgt, damit die Erziehungsberechtigten ihr Anwesenheitsrecht auch wahrnehmen können. Da bei diesen regelmäßig mit einfacher Post erfolgten Informationsschreiben der Empfang durch den Erziehungsberechtigten nicht sichergestellt bzw. möglicherweise durch den Jugendlichen verhindert worden ist, sollte vor der Vernehmung des allein erscheinenden Jugendlichen kurz telefonische Rücksprache mit den Erziehungsberechtigten genommen werden. Auch ist der Jugendliche auf das Recht, sich vor seiner Vernehmung und der Entscheidung darüber, ob er sich zur Sache äußern will, mit dem bzw. den Erziehungsberechtigten zu beraten, hinzuweisen.[396] Bei Teilnahmeverdacht und Missbrauch kann das Anwesenheitsrecht entzogen werden (§ 67 IV JGG).

Bereits mit Eröffnung des Beschuldigtenstatus, und damit schon vor einer Vernehmung, muss der Jugendliche nach dem sehr umfangreichen Katalog des § 70a I JGG über den Ablauf des Jugendstrafverfahrens informiert werden. Weitere anlassbezogene Informationen (z. B. bei Untersuchungshaft) sind in § 70a II bis IV JGG geregelt. Zu beachten ist, dass diese Informationen nicht die bei konkreten Ermittlungsmaßnahmen, wie beispielsweise einer Vernehmung, notwendigen Belehrungen ersetzen. Die Belehrung und Vernehmung des jugendlichen Beschuldigten muss entsprechend seinem Alter sowie seinem Entwicklungs- und Bildungsstand erfolgen (§§ 70b I 1, 70c I JGG).

Liegt ein Fall der notwendigen Verteidigung vor und ist kein Verteidiger anwesend, muss die Vernehmung in Bild und Ton aufgezeichnet werden (§ 70c II 2 JGG). Hierbei ist zu beachten, dass über die Fälle des § 140 StPO hinaus in § 68 JGG weitere Fälle der notwendigen Verteidigung aufgeführt sind. Von praktischer Relevanz für die polizeiliche Tätigkeit ist insbesondere der Fall, in dem die Verhängung einer Jugendstrafe oder die Aussetzung der Verhängung einer Jungendstrafe zu erwarten ist (§ 68 Nr. 5 JGG). Im Unterschied zu erwachsenen Beschuldigten ist bei jugendlichen Beschuldigten kein Antragsrecht auf Bestellung eines Pflichtverteidigers im Gesetz verankert. Stattdessen erfolgt eine Bestellung von Amts wegen, sofern ein Fall der notwendigen Verteidigung vorliegt. Dies bedeutet jedoch nicht, dass der jugendliche Beschuldigte keinen Bestellungsantrag stellen darf, da die Zulässigkeit eines solchen Antrags sich schon aus der Belehrungspflicht über § 136 I 5 StPO ergibt.[397]

---

395 Vgl. *Eisenberg/Kölbel,* JGG, § 67, Rn. 23.
396 *Eisenberg/Kölbel,* JGG, § 67, Rn. 11c.
397 *Eisenberg/Kölbel,* JGG, § 68a, Rn. 13.

Merke:

Eine Vernehmung des jugendlichen Beschuldigten vor der Bestellung eines Pflichtverteidigers ist grundsätzlich nicht erlaubt (§ 68a I 1 JGG). Hiervon macht das Gesetz lediglich in § 68 I 2 JGG eine Ausnahme, wenn ein Fall der notwendigen Verteidigung allein wegen des Vorwurfs eines Verbrechens besteht, ein Absehen der Strafverfolgung nach § 45 II oder III JGG zu erwarten ist und die Bestellung vor der Vernehmung daher unverhältnismäßig wäre. Dies ist beispielsweise der Fall bei sog. „Abziehdelikten", die trotz der Einordnung als Raub oder räuberische Erpressung von geringem Unrechtsgehalt sind.[398]

In Parallele zur oben erläuterten Vorschrift des § 141a StPO enthält § 68b weitere, eng auszulegende Ausnahmen von der Pflicht zur Bestellung eines Verteidigers vor der Vernehmung.

II. Beschuldigtenvernehmung

Fehler können sich nicht erst bei der Vernehmung zu Sache, sondern schon bei der Vernehmung zur Person und der Eröffnung des Tatvorwurfs ergeben, wobei insbesondere Letztere zu einem Beweisverwertungsverbot der daraufhin erfolgten Angaben des Beschuldigten führen können. Zu Beginn ist stets zu klären, ob der Beschuldigte überhaupt vernehmungsfähig ist.

1. Vernehmungsfähigkeit

Bei der Vernehmungsfähigkeit interessieren für die polizeiliche Praxis insbesondere zwei Aspekte aus dem Bereich der verbotenen Vernehmungsmethoden des § 136a I StPO, deren Verwirklichung ein gesetzliches Beweisverwertungsverbot zur Folge hat (§ 136a III 2 StPO).

a) Übermüdung

Dies ist zum einen ein ermüdeter bzw. übermüdeter Beschuldigter. Sind Anzeichen für eine übermäßige Ermüdung ersichtlich, muss der Beschuldigte nach seinem Ermüdungsgrad und seinen letzten Schlafpausen befragt und dies dokumentiert werden. Eine Übermüdung verstößt gegen § 136a I StPO, wenn durch sie die Willensfreiheit des Vernommenen beeinträchtigt wird. Dies hängt vom Einzelfall ab und wird nur in Extremfällen gegeben sein, beispielsweise wenn der Beschuldigte 30 Stunden vor seiner Verneh-

398 *Eisenberg/Kölbel*, JGG, § 68a, Rn. 11.

mung das letzte Mal geschlafen hat.[399] Bei der Beurteilung der Ermüdung ist ein objektiver Maßstab zugrunde zu legen, so dass es weder darauf ankommt, ob der Vernehmungsbeamte den Zustand herbeigeführt oder überhaupt erkannt hat.[400] Liegt keine Übermüdung vor und wird die Vernehmung daher durchgeführt bzw. fortgesetzt, sollte der Vernehmungsbeamte stets beobachten, ob der Beschuldigte der Vernehmung noch folgen kann, und dies dokumentieren. In Zweifelsfällen muss eine Vernehmungspause eingelegt werden.[401]

Merke:

Unabhängig von den rechtlichen Grenzen der Rechtsprechung zu § 136a StPO sollte aus aussagepsychologischer Sicht eine Vernehmung ohne Pause nach Möglichkeit nicht über eine Stunde andauern, da länger dauernde Vernehmungen zu Konzentrationsschwierigkeiten sowohl beim Beschuldigten als auch beim Vernehmungsbeamten führen und damit den Beweiswert der Aussage beeinträchtigen.[402]

b) Alkohol- und Drogeneinfluss

Der zweite Aspekt betrifft den unter Alkohol oder Drogen stehenden Beschuldigten. Dieser kann so lange vernommen werden, wie seine Willensfreiheit nicht ernsthaft beeinträchtigt ist. Liegt hingegen eine ernsthafte Beeinträchtigung der Willensfreiheit infolge des Alkohol- oder Drogenkonsums vor, handelt es sich um einen Fall des Verabreichens von Mitteln nach § 136a I StPO. Wird der Beschuldigte trotzdem vernommen, liegt ein Beweisverwertungsverbot der Aussage nach § 136a III 2 StPO vor. Wann dies gegeben ist, lässt sich im Einzelfall schwierig beurteilen. So hat der BGH eine ernsthafte Beeinträchtigung der Willensfreiheit bei einem alkoholgewohnten Beschuldigten trotz eines Blutalkohols von 2 Promille abgelehnt[403] und das OLG Köln dies für einen Fall von 4,44 Promille bei einem „ersichtlich trinkgewohnten" Beschuldigten bejaht.[404] Wie bei der Ermüdung ist es unerheblich, ob die Mittel von dem Vernehmungsbeamten verabreicht oder von dem Beschuldigten vor oder während der Vernehmung selbst eingenommen worden sind.[405] Teilweise wird in der Selbsteinnahme kein „Ver-

399 BGHSt 13, 60, 61.

400 BGHSt 1, 376, 379.

401 *Eisenberg,* Rn. 607.

402 Ausführlich *Eisenberg,* Rn. 604 ff.

403 BGH, MDR 1970, 14.

404 OLG Köln, StV 1989, 520 f.

405 LG Mannheim, NJW 1977, 346, 347; OLG Köln, StV 1989, 520, 521; LR-*Gleß,* 27. Aufl., § 136a, Rn. 32 m. w. N.

abreichen von Mitteln“ gesehen, jedoch stellt sich dann dieselbe Problematik unter dem Begriff der Vernehmungsfähigkeit.[406] Steht der zu vernehmende Beschuldigte unter Alkohol, so sollte ihm ein freiwilliger Atemalkoholtest angeboten werden. Auch sollte der Beschuldigte nach Art und Menge des Rauschmittels sowie des Einnahmezeitpunktes gefragt werden. All diese Informationen müssen dokumentiert werden. Um zweifelsfrei beurteilen zu können, ob der unter dem Einfluss von Alkohol oder Drogen stehende Beschuldigte vernehmungsfähig ist, muss ein Arzt hinzugezogen werden, der über die entsprechende Sachkunde verfügt, um neben der Mittelgabe auch die Beeinträchtigung der Willensfreiheit im Hinblick auf eine Beschuldigtenvernehmung beurteilen zu können.[407] Wird eine Vernehmung durchgeführt, sollte der Zustand des Beschuldigten vor und während der Vernehmung ausführlich dokumentiert werden. Im Zweifelsfall muss die Vernehmung auf einen anderen Tag verschoben werden.

Noch problematischer sind die Fälle von Alkohol- oder Drogenabhängigen, die entweder unter Entzugserscheinungen leiden oder aber unter meist starkem Alkohol- oder Drogeneinfluss stehen.[408] In beiden Situationen ist die Vernehmungsfähigkeit stets fraglich, so dass versucht werden muss, einen dazwischenliegenden Bereich für die Vernehmungszeit zu erreichen.[409] Dies kann dadurch erfolgen, dass dem Drogenabhängigen gesetzlich erlaubte Mittel, beispielsweise Methadon, unter Beaufsichtigung eines Arztes gegeben werden. Dem Alkoholabhängigen kann gestattet werden, ein wenig Alkohol zu trinken. Ob dann allerdings eine Vernehmungsfähigkeit gegeben ist, lässt sich – auch bei Hinzuziehung eines Arztes – in der Praxis kaum zweifelsfrei klären.

Merke:

Es handelt sich bei der Vernehmung von Alkohol- und Drogenabhängigen immer nur um einen später in der Hauptverhandlung angreifbaren Versuch, die Vernehmungsfähigkeit herzustellen. Umso mehr muss darauf geachtet werden, den Zustand und die entsprechenden Mittelgaben sorgfältig zu dokumentieren.

406 Vgl. SK-*Rogall,* § 136a, Rn. 51; *Kramer,* Rn. 44 sieht nur die Verhandlungsfähigkeit als Maßstab.

407 Vgl. LG Mannheim, NJW 1977, 346 f.

408 Zum Fall eines stark drogenabhängigen Zeugen LG Mannheim, NJW 1977, 346 f.

409 So auch *Artkämper/Jakobs,* Rn. 445.

2. Vernehmung zur Person

Zu Beginn erfolgt die Vernehmung zur Person. Diese dient zur Feststellung der Identität des Beschuldigten. Hierzu gehören Vor-, Nach- und Geburtsname, Ort und Tag der Geburt, Anschrift mit Straße und Wohnort sowie bei Ausländern gegebenenfalls die Staatsangehörigkeit.[410] Zu diesen Angaben ist der Beschuldigte nach der Rechtsprechung verpflichtet[411] und begeht bei Weigerung eine Ordnungswidrigkeit (§ 111 I OWiG). Zu den weitergehenden in § 111 I OWiG aufgeführten Angaben wie Familienstand und Beruf ist er nicht verpflichtet, da dies zur Identitätsfeststellung nicht notwendig ist[412] und er sich möglicherweise durch diese Angaben auch bereits selbst belasten könnte. Ebenso fallen Fragen zu Vorstrafen und Einkommensverhältnissen bereits unter die Vernehmung zur Sache und damit unter das Aussageverweigerungsrecht.

3. Eröffnung des Tatvorwurfs

Bei der Eröffnung des Tatvorwurfs muss dem Beschuldigten der Sachverhalt so weit bekannt gegeben werden, dass er sich verteidigen kann. Der Tatvorwurf muss derart bestimmt sein, dass der Beschuldigte den Vernehmungsgegenstand zweifelsfrei erkennt.[413] Nur wenn der Beschuldigte genau weiß, wessen er beschuldigt wird und auf welche Umstände sich der Vorwurf gründet, kann er über seine Verteidigungsstrategie entscheiden.[414] Dazu sollte der Vernehmungsbeamte klare und verständliche Formulierungen verwenden, die sich auf dem Sprachniveau des Beschuldigten bewegen. Jedoch ist der Vernehmungsbeamte keineswegs verpflichtet, dem Beschuldigten seine gesamten Ermittlungsergebnisse offenzulegen und kann aus kriminaltaktischer Sicht den Beschuldigten über einzelne Tatsachen im Unklaren lassen. Wird der Beschuldigte jedoch bewusst durch unwahre Behauptungen, beispielsweise über den Sinn der Vernehmung, getäuscht, liegt eine nach § 136a I StPO verbotene Vernehmungsmethode vor, die ein Beweisverwertungsverbot nach sich zieht (§ 136a III 2 StPO). Eine solche Täuschung liegt vor, wenn dem Vernommenen vorgespiegelt wird, er würde in einer Vermisstensache vernommen, obwohl bereits wegen eines Tö-

410 Vgl. SK-*Rogall,* § 136, Rn. 36.
411 BGHSt 21, 334, 364; 25, 17.
412 BVerfG, StV 2011, 389, 390.
413 *Eisenberg,* Rn. 542.
414 LR-*Gleß,* 27. Aufl., § 136, Rn. 22.

tungsdelikts ermittelt wird.[415] Bei polizeilichen Vernehmungen besteht hingegen keine Verpflichtung, den Beschuldigten auf die in Betracht kommenden Strafvorschriften hinzuweisen. Wird ein solcher, oftmals sachdienlicher Hinweis trotzdem gegeben, so muss er vollständig und korrekt sein. Dabei müssen dem Beschuldigten die einschlägigen Vorschriften erläutert werden.[416] Aus einer falschen Rechtsauskunft kann sich ebenfalls ein Beweisverwertungsverbot nach § 136a III 2 StPO ergeben.

4. Vernehmung zur Sache

Die Vernehmung zur Sache gibt dem Beschuldigten die Möglichkeit zur Verteidigung,[417] indem er beispielsweise Verdachtsgründe beseitigt oder Entlastungstatsachen vorbringt (§ 136 II StPO). Dieser Vernehmungszweck erfordert zunächst, dem Beschuldigten Gelegenheit zu geben, eine möglichst zusammenhängende Sachdarstellung (Bericht) abzugeben.[418] Dies ist auch aus kriminalistischer und aussagepsychologischer Sicht zu empfehlen.[419] Zwischenfragen sollten dabei möglichst vermieden bzw. auf ein Mindestmaß (Verständnisfragen etc.) beschränkt bleiben. Der Bericht sollte wörtlich protokolliert oder aufgezeichnet werden. Ist dies nicht möglich, so muss der Vernehmungsbeamte sich umfangreiche, am Wortlaut orientierende Notizen vom Inhalt machen. Nach dem Bericht erfolgt die Befragung des Beschuldigten. Hierbei muss darauf geachtet werden, möglichst offene Fragen zu stellen, bei denen der Aussagende entscheidet, wie viel und welche Art von Information er zu dem nachgefragten Thema geben möchte.[420] Geschlossene Fragen oder Suggestivfragen, bei denen die Antwortmöglichkeiten durch die Frage eingeengt oder Antwortmöglichkeiten angeboten werden, sind zu vermeiden. Letztlich wird die Antwort maßgeblich von der gestellten Frage und deren Formulierung beeinflusst, so dass bei einer geschlossenen Frage der Beweiswert der Antwort ungleich geringer ist als bei einer offenen Frage. Bei Suggestivfragen ist eine Analyse der Aussage auf Glaubhaftigkeit kaum mehr möglich.[421]

---

415 BGHSt 37, 48, 53 f.

416 LR-*Gleß,* 27. Aufl., § 136a, Rn. 47.

417 BGHSt 25, 325, 332.

418 Vgl. BGHSt 13, 358, 361; BGH, StV 1990, 245; a. A. *Schmitt:* in: Meyer-Goßner/Schmitt, § 136, Rn. 17.

419 *Eisenberg,* Rn. 583 m. w. N.

420 *Hermanutz/Litzcke/Kroll,* S. 30.

421 Vgl. *Hermanutz/Litzcke/Kroll,* S. 31 f.

III. Protokollierung

Das polizeiliche Protokoll der Beschuldigtenvernehmung hat vielfältige wichtige Funktionen im Strafverfahren. Es dient als Informationsquelle für weitere Ermittlungen, ist mitentscheidend für die staatsanwaltschaftliche Abschlussverfügung und die gerichtliche Entscheidung über die Eröffnung des Hauptverfahrens sowie die Vorbereitung der Hauptverhandlung. Darüber hinaus kann es – wie bereits ausgeführt[422] – in der Hauptverhandlung während der Zeugenaussage für Vorhalte benutzt werden. Für den Polizeibeamten ist das Protokoll auch Grundlage für die Vorbereitung auf seine Zeugenaussage. Gleichzeitig können sich aus dem Protokoll vielfältige Fragen von Seiten des Gerichts und der Verfahrensbeteiligten, insbesondere des Strafverteidigers an den Polizeizeugen ergeben. Dies sind beispielsweise Vorwürfe bezüglich des Zustandekommens und/oder des Aussageinhalts. Das betrifft nicht nur den klassischen Fall, bei dem der Angeklagte vor Gericht schweigt und daher der Polizeibeamte als Verhörperson über die Vernehmung aussagt, sondern auch Fälle, in denen der Angeklagte behauptet, seine Aussage sei falsch wiedergegeben bzw. er sei von dem Vernehmungsbeamten missverstanden worden. Ein möglichst authentisch die Aussage wiedergebendes Protokoll ist daher immanent wichtig.

1. Protokollinhalt

Eine gesetzliche Regelung zur Notwendigkeit und zum Inhalt eines polizeilichen Vernehmungsprotokolls fehlt. Jedoch wird auf den für staatsanwaltschaftliche Vernehmungen geltenden § 168b II StPO verwiesen.[423] Nach § 168b I StPO müssen alle wesentlichen Ermittlungsvorgänge der Ermittlungsbehörden aktenkundig gemacht werden. Hierzu gehören beispielsweise Aktenvermerke sowie das Beifügen von Fotos, Skizzen und Zeichnungen; nicht hingegen vom Polizeibeamten gefertigte eigene Notizen und Aufzeichnungen.[424] § 168b II StPO statuiert eine Soll-Vorschrift für die Anfertigung eines Vernehmungsprotokolls und muss auch bei polizeilichen Vernehmungen beachtet werden.[425] Hinsichtlich der Form wird auf den Grundgedanken des § 168a StPO Bezug genommen. Danach soll das polizeiliche Protokoll Ort, Zeit, Details zum zeitlichen Verlauf, die mitwirken-

422 Siehe 4. Kapitel III. 2. b).

423 BGH, NStZ 1997, 611.

424 OLG Düsseldorf, StraFo 2007, 338.

425 BGH, NStZ 1995, 353; hierzu *Altenhain*, ZIS 2015, 269.

den Personen und die Genehmigung des Protokolls sowie die durchgeführten Belehrungen beinhalten.[426] Inhalt und Ablauf der Vernehmung sind bis in die Kleinigkeiten möglichst unverfälscht und wahrheitsgetreu wiederzugeben.[427] Um dies zu gewährleisten, muss das Protokoll in direkter Rede verfasst sein.

Merke:

Im Idealfall sollte nicht nur ein Inhaltsprotokoll, sondern ein Wortlautprotokoll erstellt werden, um die genaue Art und Weise der Äußerungen des Beschuldigten festzuhalten. Entscheidend ist, was der Beschuldigte gesagt und nicht, was der Vernehmende verstanden hat.

Daher ist von einer nur in „wichtigen Teilen“ wortgetreuen Protokollierung abzuraten, da dies bereits eine Wertung der gesamten Aussage impliziert.[428] Der Vernehmungsbeamte sollte grundsätzlich umgangssprachliche oder dialektische Formulierungen des Beschuldigten wörtlich wiedergeben und nicht mit eigenen Worten verschriftlichen. Solche Umformulierungen dürfen nur im Einverständnis mit dem Beschuldigten gemacht werden und sind entsprechend, beispielsweise durch kursive Schrift, im Protokoll zu kennzeichnen. Bei einem Geständnis ist der genaue Wortlaut sehr wichtig, um die Einzelheiten der Tat möglichst mit den eigenen Worten des Beschuldigten wiederzugeben. Insbesondere muss darauf geachtet werden, Umstände, die nur der Täter wissen kann, wörtlich zu protokollieren (RiStBV Nr. 45 II). Auch Fragen und Vorhalte sollten stets im Wortlaut mitprotokolliert werden. Bei einer protokollierten Antwort ohne Kenntnis des Wortlauts der Frage ist regelmäßig nicht ersichtlich, ob eine offene oder geschlossene Frage gestellt wurde. Damit aber bleibt der Beweiswert der Antwort offen.

Das Genehmigen des Protokolls durch den Beschuldigten per Unterschrift der einzelnen Protokollseiten bzw. des gesamten Protokolls schafft allenfalls ein Indiz für die Richtigkeit des Protokolls, keinesfalls aber einen Beweis. Letztlich könnte der Beschuldigte die Unterschrift auch geleistet haben, ohne tatsächlich das Protokoll nochmals genau auf Fehler durchgelesen zu haben. Verweigert der Beschuldigte die entsprechende Unterschrift, muss dies dokumentiert werden. Wünscht der Beschuldigte einzelne Korrekturen des Protokolls, bietet es sich an, diese vom Beschuldigten selbst im Protokoll handschriftlich mit einer anderen Farbe durchführen zu lassen und anschließend in einem kurzen Vermerk auf diese Änderungen durch den Beschuldigten hinzuweisen.

426 LR-*Erb*, § 163a, Rn. 101.

427 LR-*Erb*, § 163a, Rn. 103.

428 *Eisenberg*, Rn. 612.

Wurde ein Vorgespräch geführt, das sich zumindest auch auf den Tatvorwurf bezog, sollten die wesentlichen Punkte stichwortartig, bestenfalls wörtlich in einem Vermerk festgehalten werden.[429] Bei der Protokollierung sollten alle Umstände der Vernehmung im Protokoll festgehalten werden. Hierzu gehören zunächst Vernehmungsort und -dauer sowie alle Unterbrechungen der Vernehmung. Auch sollte der Grund der Unterbrechung dokumentiert werden. Weitere an der Vernehmung teilnehmende Personen sind mit der Dauer ihrer Anwesenheit aufzulisten. Ebenso muss die körperliche und geistige Verfassung des Beschuldigten (Einfluss von Medikamenten, Alkohol oder Drogen, Müdigkeit etc.) dokumentiert werden. Dies ist insbesondere im Hinblick auf § 136a StPO zu beachten. Weiterhin sollte auch das Verhalten des Beschuldigten während der Vernehmung dokumentiert werden. Anstelle oder neben der Möglichkeit eines (subjektiven) Eindruckvermerks[430] kann das Verhalten dabei auch objektiv im Protokoll wiedergegeben werden. Dies geschieht am besten während der Vernehmung, indem das Verhalten des Beschuldigten direkt bei seiner jeweiligen Antwort in Klammern mitprotokolliert wird (z.B. *Der Beschuldigte bricht in Tränen aus*; *Der Beschuldigte gibt auf die Frage keine Antwort, senkt den Kopf und blickt zu Boden*). Hierdurch wird eine möglichst authentische Wiedergabe der Vernehmung erreicht, wodurch sich der Beweiswert erhöhen kann.

Merke:

Ein umfangreiches, detailliertes Vernehmungsprotokoll ermöglicht eine bessere Vorbereitung für den Polizeibeamten auf seine Zeugenaussage und gibt dem Gericht mehr Möglichkeiten zum Vorhalt, etwa bei widersprechenden Angaben zwischen Angeklagtem und Polizeizeugen zu Ablauf und Inhalt der polizeilichen Vernehmung.

2. Protokollart

Die Protokollierung der Vernehmung sollte durch eine Bild-Ton-Aufzeichnung oder eine reine Tonaufnahme erfolgen. In beiden Fällen sollte die Aufzeichnung im Anschluss verschriftlicht werden, wobei zwischen Wortlaut- und Inhaltsprotokoll zu unterscheiden ist.

a) Bild-Ton-Aufzeichnung

Das authentischste Protokoll der Vernehmung wird durch eine Bild-Ton-Aufzeichnung erzielt. Eine solche Videoaufzeichnung stellt technisch das

429 Beispiel bei *Bender/Nack/Treuer*, Rn. 1540.

430 Hierzu *Artkämper/Schilling*, Rn. 1967 ff.

optimale Mittel dar, eine Vernehmung wahrheitsgemäß abzubilden, da hierdurch die Vernehmungssituation objektiv abgebildet wird und so die gesamte Körpersprache und die wortlautgetreuen Äußerungen der Vernehmungsteilnehmer ohne inhaltliche und sprachliche Gewichtung wiedergegeben werden.[431] In der Folge gibt eine Videovernehmung auch die Möglichkeit einer sorgfältigen nachträglichen Analyse der Aussage und kann darüber hinaus den vernehmenden Polizeibeamten von falschen Vorwürfen des Beschuldigten entlasten. Eine Videoaufnahme der Beschuldigtenvernehmung ist grundsätzlich gemäß § 136 IV 1 StPO möglich,[432] wird jedoch bisher in der Praxis aus Kostengründen eher selten durchgeführt.[433]

Merke:

Bei Verfahren wegen vorsätzlicher Tötungsdelikte und gegen besonders schutzwürdige Personen besteht nunmehr eine grundsätzliche Pflicht zur Bild-Ton-Aufzeichnung der Beschuldigtenvernehmung (§ 136 IV 2 Nrn. 1 u. 2 StPO).[434] Dies betrifft über den Verweis in § 163a IV 2 StPO auch die polizeiliche Beschuldigtenvernehmung. Für die Vernehmung jugendlicher Beschuldigter gilt § 70c II JGG.[435]

Bei der Durchführung einer Videovernehmung ist darauf zu achten, dass alle bei der Vernehmung Anwesenden gleichzeitig von der Kamera erfasst werden.[436] Auch muss die gesamte Vernehmung inklusive der erforderlichen Belehrungen aufgezeichnet werden.[437] Eine Einwilligung des Beschuldigten ist nicht notwendig, so dass die Aufzeichnung grundsätzlich auch gegen seinen Willen möglich ist.[438] Über die Videovernehmung muss kein Wortlautprotokoll angefertigt werden, sehr wohl jedoch ein Inhaltsprotokoll.[439]

Tipp:

Eine solche Verschriftlichung sollte dabei nicht während der Vernehmung erstellt werden, damit der Vernehmungsbeamte sich ausschließlich auf die Vernehmung konzentrieren kann. Besser ist eine nachträgliche Protokollierung mit Hilfe der Videoaufzeichnung.

431 Ausführlich *Michel*, S. 110 ff.

432 Für Zeugen siehe § 58a StPO.

433 Hierzu *Altenhain*, ZIS 2015, 269, 271 f.

434 Zu den eng auszulegenden Ausnahmen der Videoaufzeichnungspflicht *Schmitt*, in: Meyer-Goßner/Schmitt, § 136, Rn. 19d.

435 Siehe 6. Kapitel I. 3. c) bb).

436 Zur technischen Durchführung *Michel*, S. 222 ff.

437 *Schmitt*, in: Meyer-Goßner/Schmitt, § 136, Rn. 19b.

438 *Michel*, S. 193 f.

439 *Schmitt*, in: Meyer-Goßner/Schmitt, § 136, Rn. 19b.

b) Tonaufzeichnung

Wird keine Videoaufzeichnung der Vernehmung durchgeführt, empfiehlt sich die Originaltonaufnahme, um eine wortlautgetreue Vernehmungsniederschrift zu erhalten. Dabei muss jedoch darauf geachtet werden, die Vernehmung vollständig aufzunehmen und nicht etwa bei weniger bedeutsamen Aussagepassagen das Aufzeichnungsgerät im Sinne eines Diktiergerätes zwischenzeitlich abzuschalten.[440] Hierdurch werden auch (zunächst) als unbedeutend eingestufte Passagen dokumentiert, was zu einer beweisrechtlich höheren Qualität der Vernehmung beiträgt. Auch wird damit möglichen unberechtigten Vorwürfen hinsichtlich des Zustandekommens und des Inhalts der Aussage vorgebeugt.[441] Eine solche Aufnahme der Vernehmung darf nicht heimlich erfolgen, sondern muss dem Beschuldigten mitgeteilt werden.[442] Indem der Beschuldigte in Kenntnis der Tonaufnahme aussagt, erklärt er sich konkludent einverstanden, da er andernfalls die Aussage verweigern könnte. In bedeutsamen Fällen, beispielsweise bei solchen Verbrechenstatbeständen, bei denen eine Videoaufzeichnung nicht erfolgt, sollte von der ansonsten üblichen Praxis, nach der Niederschrift die Aufzeichnung zu löschen bzw. durch Wiederverwendung zu überspielen, Abstand genommen werden, da die Tonaufzeichnung als Augenscheinsbeweis in die Hauptverhandlung eingeführt und zu Vorhalten genutzt werden kann.[443]

440 *Eisenberg,* Rn. 619.

441 Ausführlich zu den Vorteilen *Eisenberg,* Rn. 622 ff.

442 BGHSt 34, 39, 52.

443 Vgl. BGHSt 14, 339, 340 f.

7. Kapitel
Verhaltensempfehlungen für Polizeizeugen

Kasuistische, alle denkbaren Konstellationen berücksichtigende Vorgaben für das Verhalten vor Gericht sind bei der Vielfältigkeit von Prozesssituationen in der Hauptverhandlung nicht möglich. In den einzelnen Kapiteln wurden schon Verhaltensempfehlungen für den Polizeizeugen gegeben, so insbesondere zur Vorbereitung, zum Fragerecht und zu den Fragetaktiken der Verteidigung. Dies alles soll hier nicht im Detail wiederholt werden. Stattdessen werden zusammenfassend einige für die Zeugenrolle wichtigen Grundregeln zur Vorbereitung, zum Verhalten in der Hauptverhandlung und zur Nachbereitung gegeben. Nicht vergessen werden darf dabei die Aus- und Fortbildung als ein wichtiger Faktor zur Qualitätssteigerung der polizeilichen Zeugenaussage vor Gericht.

I. Vorbereitung

Grundvoraussetzung sind gute Kenntnisse über die Zeugenpflichten und -rechte, den Gang der Hauptverhandlung sowie die Funktionen von Gericht und Verfahrensbeteiligten. Dies erleichtert dem polizeilichen Zeugen im Bedarfsfall eine adäquate Reaktion auf Fragen, Vorhalte etc. Bestehen hier Defizite und verbleibt vor dem Gerichtstermin nicht genug Zeit für ein Erlernen dieser Punkte, so sollte der Polizeibeamte sich zumindest Kenntnisse zum Fragerecht der Verfahrensbeteiligten und zur Rolle des Verteidigers in der Hauptverhandlung kurzfristig aneignen. Mit Hilfe dieses Wissens lässt sich mit unangenehmen Fragen souveräner umgehen. Auch können mögliche Vorurteile gegenüber dem Verteidiger abgebaut werden, was zu einem professionelleren Umgang beiträgt und auch den Beweiswert der Zeugenaussage positiv beeinflussen kann. Langfristig sollte der Polizeibeamte entsprechende Fortbildungsangebote sowie Möglichkeiten zur Prozessbeobachtung nutzen, um seine rechtlichen und praktischen Kenntnisse zu verbessern. Die Weichen für die Beweisaufnahme in der Hauptverhandlung und damit auch für die Zeugenaussage des Polizeibeamten werden im Ermittlungsverfahren gestellt. Umfangreiche, exakte und inhaltlich überzeugende Ermittlungen sowie das detaillierte Protokollieren derselben minimieren bei der Zeugenvernehmung vor Gericht mögliche Angriffspunkte der Verfahrensbeteiligten, insbesondere des Verteidigers gegenüber dem polizeilichen Zeugen. Gleichzeitig verbessern qualitativ gute Vernehmungsprotokolle die Vorbereitungsmöglichkeit des polizeilichen Zeugen.

Der Polizeibeamte sollte sich gewissenhaft auf die eigene Vernehmung als Zeuge vorbereiten. Hierzu gehört das sorgfältige Studium des vorhandenen Aktenmaterials. Dabei muss der Polizeibeamte sich vergegenwärtigen, woran er sich aufgrund des Aktenstudiums wieder erinnert und was bloß angelesenes Wissen ist. Auch sollte er seine gesamte Ermittlungsarbeit in dieser Sache noch einmal kritisch überprüfen, um sich auf entsprechende Fragen vor Gericht bereits vorab einstellen zu können. Hingegen sollten Gespräche mit Kollegen oder anderen Zeugen über den Verfahrensgegenstand nicht geführt werden. Auch muss der Polizeibeamte sich in der Vorbereitung noch einmal verdeutlichen, dass er bei seiner Aussage vor Gericht die bisherige aktive Rolle als ermittelnder Polizeibeamter verliert und nunmehr als persönliches Beweismittel einen eher passiven Part innehat. Die eigene Akzeptanz seiner Zeugenrolle ist Grundvoraussetzung für ein professionelles Auftreten vor Gericht.

II. Zeugenaussage

Der Polizeibeamte muss als Zeuge darauf achten, in ordentlicher Kleidung zu erscheinen und die von einem (polizeilichen) Zeugen zu erwartenden höflichen Umgangsformen einhalten. Die Sprache sollte klar, präzise und sachlich sein. Wurde beispielsweise bei einer Wohnungsdurchsuchung, über deren Durchführung der Polizeibeamte als Zeuge vernommen wird, ein Gegenstand nicht gefunden, so ist die Aussage, *„der gesuchte Gegenstand hat sich dort nicht befunden“* ungenau, da nur feststeht, dass er nicht gefunden wurde.[444] Emotionale Bewertungen oder sprachliche Entgleisungen müssen vermieden werden. Auch darf die Aussage nur Feststellungen umfassen und muss sich zunächst jeglicher Bewertungen und Schlussfolgerungen enthalten. Erinnerungslücken müssen eingeräumt werden. Keinesfalls darf versucht werden, diese durch eigene Schlussfolgerungen zu schließen. Der Vorsitzende kann um einen Vorhalt aus der Ermittlungsakte gebeten werden. Dann ist zu klären, ob sich der Polizeibeamte wieder erinnert.

Grundsätzlich müssen alle Fragen wahrheitsgemäß beantwortet werden. Unbequeme Fragen sind keine unzulässigen Fragen. Bei Letzteren greift der Vorsitzende ein oder aber der Polizeibeamte wendet sich an den Vorsitzenden. Davon sollte aber nur ausnahmsweise, z. B. bei persönlich verletzenden Fragen, Gebrauch gemacht werden. Niemals sollte der Zeuge die Antwort auf eine Frage einfach verweigern, in eine Ja/Nein-Antworttaktik verfallen oder Gegenfragen stellen. Auch eine ausweichende Antwort oder gar

444 Beispiel aus *Hücker*, S. 86.

ein aggressives Antwortverhalten sind stets zu vermeiden. Bestehen Erinnerungslücken, sollte der Polizeibeamte diese einräumen und nicht etwa durch „schwammige" Antworten überspielen. Der Polizeizeuge muss den Verteidiger als professionellen Gegenpart verstehen, der – genau wie der Polizeibeamte bei seiner Ermittlungstätigkeit – nur seine berufliche Pflicht, den Mandanten bestmöglich zu verteidigen, erfüllt.

III. Nachbereitung

Bei überschaubaren Prozessen sollte der Polizeibeamte nach seiner Zeugenaussage im Gerichtssaal verbleiben, um den Prozessfortgang und die Urteilsverkündung zu verfolgen. Haben mehrere Polizeibeamte als Zeugen ausgesagt, so besteht nach Beendigung des Verfahrens auch die Möglichkeit eines Erfahrungsaustauschs mit den Kollegen. Um zu erfahren, wie das Gericht die eigene Zeugenaussage beurteilt hat, kann der Polizeibeamte auch das Gerichtsurteil lesen. Darüber hinaus gibt das Urteil Aufschluss über die Qualität der polizeilichen Ermittlungen und natürlich über das Prozessergebnis.

IV. Fort- und Ausbildung

Fortbildungsangebote bieten Gelegenheit, die Thematik vertieft zu behandeln. Dabei sollte gesteigerter Wert darauf gelegt werden, Verteidiger als Referenten einzubinden. Nur so kann überzeugend die Perspektive der Strafverteidigung nachvollzogen werden. Gleichzeitig kann dies zu einem Abbau möglicher Vorurteile gegenüber dem Verteidiger beitragen. Daneben sollten auch Richter und Staatsanwälte über ihre jeweilige Sicht des polizeilichen Zeugen berichten. Die Fortbildungsangebote müssen dabei auch die Behandlung möglicher Vernehmungsfehler im Ermittlungsverfahren mit einbeziehen, weil hier – wie dargelegt – oftmals der Ursprung für kritische Fragen des Gerichts und der Verfahrensbeteiligten liegt.

Rollenspiele, bei denen typische Prozesssituationen nachgestellt werden, sind hingegen skeptisch zu betrachten. So kann nicht jede denkbare Prozesssituation nachgestellt werden. Auch entspricht es nicht der Funktion des Zeugen als personelles Beweismittel, sich für bestimmte Prozesssituationen zu präparieren, indem beispielsweise entsprechende Antwortmuster und Verhaltenstaktiken gegenüber dem Verteidiger trainiert werden.[445]

445 Kritisch zum sog. Zeugencoaching *Hof*, HRRS 2015, 277, 286.

Letztlich verringert dies den Beweiswert der Aussage eines entsprechend geschulten Polizeizeugen. Lediglich zur Veranschaulichung möglicher Szenarien und zur Erläuterung von Verfahrensregeln der Hauptverhandlung und Funktionen der Beteiligten sollte eine solche Form der Fortbildung betrieben werden. Taktikschulungen oder das Erlernen von Gesprächsführungstechniken[446] zum Umgehen unangenehmer oder unerwünschter, aber prozessual zulässiger Fragen sind in jeder Form kontraproduktiv für die Zeugenrolle des Polizeibeamten vor Gericht.

Weniger erfahrene Polizeibeamte können von den erfahrenen Kollegen und den Vorgesetzten auf ihre Zeugenrolle vorbereitet werden, indem über die Bedeutung und Aufgabe des Zeugen, mögliche Probleme bei der Aussage und die Erwartungen der Verfahrensbeteiligten an den Polizeizeugen gesprochen wird.[447] Jedoch sollten jegliche Formen der Fortbildung als Vorbereitung auf eine unmittelbar bevorstehende Zeugenvernehmung vermieden werden. Dies könnte bei Gericht und Verfahrensbeteiligten den Eindruck einer taktischen Vorbereitung des Zeugen auf die konkrete Vernehmung erwecken und dadurch den Beweiswert der Zeugenaussage des Polizeibeamten erheblich mindern.

In der polizeilichen Ausbildung sollte dem Thema der Zeugenrolle des Polizeibeamten eine größere Bedeutung beigemessen werden.[448] Statt das Thema im Rahmen der strafverfahrensrechtlichen Ausbildung eher beiläufig zu behandeln, bietet es sich an, einen eigenen fächerübergreifenden Themenschwerpunkt zu setzen, der sowohl strafverfahrensrechtliche als auch aussagepsychologische Themen beinhaltet. Im Rahmen des Bachelor-Studiengangs für den gehobenen Polizeivollzugsdienst könnte dies beispielsweise in einem eigenen Modul/Wahlmodul erfolgen. Für den Polizeibeamten als Zeugen vor Gericht, aber auch als Ermittlungsbeamter im Vorverfahren sind gute Kenntnisse von Stellung und Funktion des Verteidigers unerlässlich. Zum besseren und damit professionelleren Verständnis von Verteidigung müsste daher parallel auch die Behandlung des Strafverteidigers im Rahmen der strafverfahrensrechtlichen Ausbildungsabschnitte deutlich intensiviert werden.

---

446 Hierzu *Mai/Köpcke*, Kriminalistik 1995, 263, 269 f.

447 Ausführlich *von Prondzinski*, DPolBl. 2011, 28 ff.

448 Hierzu *Müller*, DPolBl. 2011, 25 ff.; vgl. auch die vor bereits über 30 Jahren geforderte *„Schulung der Polizeibeamten auf ihre Zeugenrolle“* bei *Wetterich*, S. 88 ff.

Gesetzesanhang – Auszüge –

Stand: Oktober 2020

(Europäische) Konvention zum Schutze der Menschenrechte und Grundfreiheiten

Art. 6 Recht auf ein faires Verfahren

(1) Jede Person hat ein Recht darauf, dass über Streitigkeiten in Bezug auf zivilrechtliche Ansprüche und Verpflichtungen oder über eine gegen sie erhobene strafrechtliche Anklage von einem unabhängigen und unparteiischen, auf Gesetz beruhenden Gericht in einem fairen Verfahren, öffentlich und innerhalb angemessener Frist verhandelt wird. …

(2) Jede Person, die einer Straftat angeklagt ist, gilt bis zum gesetzlichen Beweis ihrer Schuld als unschuldig.

(3) Jede angeklagte Person hat mindestens folgende Rechte:

a) innerhalb möglichst kurzer Frist in einer ihr verständlichen Sprache in allen Einzelheiten über Art und Grund der gegen sie erhobenen Beschuldigung unterrichtet zu werden;
b) ausreichend Zeit und Gelegenheit zur Vorbereitung ihrer Verteidigung zu haben;
c) sich selbst zu verteidigen, sich durch einen Verteidiger ihrer Wahl verteidigen zu lassen oder, falls ihr die Mittel zur Bezahlung fehlen, unentgeltlich den Beistand eines Verteidigers zu erhalten, wenn dies im Interesse der Rechtspflege erforderlich ist;
d) Fragen an Belastungszeugen zu stellen oder stellen zu lassen und die Ladung und Vernehmung von Entlastungszeugen unter denselben Bedingungen zu erwirken, wie sie für Belastungszeugen gelten;
e) unentgeltliche Unterstützung durch einen Dolmetscher zu erhalten, wenn sie die Verhandlungssprache des Gerichts nicht versteht oder spricht.

Wiener Übereinkommen über konsularische Beziehungen

Art. 36 Verkehr mit Angehörigen des Entsendestaates

(1) Um die Wahrnehmung konsularischer Aufgaben in Bezug auf Angehörige des Entsendestaates zu erleichtern, gilt Folgendes:

a) …

b) die zuständigen Behörden des Empfangsstaates haben die konsularische Vertretung des Entsendestaates auf Verlangen des Betroffenen unverzüglich zu unterrichten, wenn in deren Konsularbezirk ein Angehöriger dieses Staates festgenommen, in Straf- oder Untersuchungshaft genommen oder ihm anderweitig die Freiheit entzogen ist. Jede von dem Betroffenen an die konsularische Vertretung gerichtete Mitteilung haben die genannten Behörden ebenfalls unverzüglich weiterzuleiten. Diese Behörden haben den Betroffenen unverzüglich über seine Rechte aufgrund dieser Bestimmungen zu unterrichten;

c) …

(2) …

Strafprozessordnung

§ 24 Ablehnung eines Richters; Besorgnis der Befangenheit

(1) Ein Richter kann sowohl in den Fällen, in denen er von der Ausübung des Richteramtes kraft Gesetz ausgeschlossen ist, als auch wegen Besorgnis der Befangenheit abgelehnt werden.

(2) Wegen Besorgnis der Befangenheit findet die Ablehnung statt, wenn ein Grund vorliegt, der geeignet ist, Misstrauen gegen die Unparteilichkeit eines Richters zu rechtfertigen.

(3) Das Ablehnungsrecht steht der Staatsanwaltschaft, dem Privatkläger und dem Beschuldigten zu. …

§ 48 Zeugenpflichten; Ladung

(1) Zeugen sind verpflichtet, zu dem zu ihrer Vernehmung bestimmten Termin vor dem Richter zu erscheinen. Sie haben die Pflicht auszusagen, wenn keine im Gesetz zugelassene Ausnahme vorliegt.

(2) bis (3) …

§ 51 Folgen des Ausbleibens eines Zeugen

(1) Einem ordnungsgemäß geladenen Zeugen, der nicht erscheint, werden die durch das Ausbleiben verursachten Kosten auferlegt. Zugleich wird gegen ihn ein Ordnungsgeld und für den Fall, daß dieses nicht beigetrieben werden kann, Ordnungshaft festgesetzt. Auch die zwangsweise Vorführung des Zeugen ist zulässig. …

(2) Die Auferlegung der Kosten und die Festsetzung eines Ordnungsmittels unterbleiben, wenn das Ausbleiben des Zeugen rechtzeitig genügend entschuldigt wird. Erfolgt die Entschuldigung nach Satz 1 nicht rechtzeitig, so unterbleibt die Auferlegung der Kosten und die Festsetzung eines Ordnungsmittels nur dann, wenn glaubhaft gemacht wird, daß den Zeugen an der Verspätung der Entschuldigung kein Verschulden trifft. …

(3) …

§ 52 Zeugnisverweigerungsrecht der Angehörigen des Beschuldigten

(1) Zur Verweigerung des Zeugnisses sind berechtigt

1. der Verlobte des Beschuldigten;
2. der Ehegatte des Beschuldigten, auch wenn die Ehe nicht mehr besteht;

2a. der Lebenspartner des Beschuldigten, auch wenn die Lebenspartnerschaft nicht mehr besteht;

3. wer mit dem Beschuldigten in gerader Linie verwandt oder verschwägert, in der Seitenlinie bis zum dritten Grad verwandt oder bis zum zweiten Grad verschwägert ist oder war.

(2) …

(3) Die zur Verweigerung des Zeugnisses berechtigten Personen … sind vor jeder Vernehmung über ihr Recht zu belehren. Sie können den Verzicht auf dieses Recht auch während der Vernehmung widerrufen.

§ 54 Aussagegenehmigung für Angehörige des öffentlichen Dienstes

(1) Für die Vernehmung von Richtern, Beamten und anderen Personen des öffentlichen Dienstes als Zeugen über Umstände, auf die sich ihre Pflicht zur Amtsverschwiegenheit bezieht, und für die Genehmigung zur Aussage gelten die besonderen beamtenrechtlichen Vorschriften.

(2) bis (3) …

(4) Diese Vorschriften gelten auch, wenn die vorgenannten Personen nicht mehr im öffentlichen Dienst oder Angestellte einer Fraktion sind oder

ihre Mandate beendet sind, soweit es sich um Tatsachen handelt, die sich während ihrer Dienst-, Beschäftigungs- oder Mandatszeit ereignet haben oder ihnen während ihrer Dienst-, Beschäftigungs- oder Mandatszeit zur Kenntnis gelangt sind.

§ 55 Auskunftsverweigerungsrecht

(1) Jeder Zeuge kann die Auskunft auf solche Fragen verweigern, deren Beantwortung ihm selbst oder einem der in § 52 Abs. 1 bezeichneten Angehörigen die Gefahr zuziehen würde, wegen einer Straftat oder einer Ordnungswidrigkeit verfolgt zu werden.

(2) Der Zeuge ist über sein Recht zur Verweigerung der Auskunft zu belehren.

§ 57 Belehrung

Vor der Vernehmung werden die Zeugen zur Wahrheit ermahnt und über die strafrechtlichen Folgen einer unrichtigen oder unvollständigen Aussage belehrt. Auf die Möglichkeit der Vereidigung werden sie hingewiesen. ...

§ 58 Vernehmung; Gegenüberstellung

(1) Die Zeugen sind einzeln und in Abwesenheit der später zu hörenden Zeugen zu vernehmen.

(2) ...

§ 58a Aufzeichnung der Vernehmung in Bild und Ton

(1) Die Vernehmung eines Zeugen kann auf Bild-Ton-Träger aufgezeichnet werden. Sie soll aufgezeichnet werden, wenn

1. dies bei Personen unter 18 Jahren, die durch die Straftat verletzt sind, zur Wahrung ihrer schutzwürdigen Interessen geboten ist oder
2. zu besorgen ist, dass der Zeuge in der Hauptverhandlung nicht vernommen werden kann und die Aufzeichnung zur Erforschung der Wahrheit erforderlich ist.

(2) bis (3) ...

§ 58b Vernehmung im Wege der Bild- und Tonübertragung

Die Vernehmung eines Zeugen außerhalb der Hauptverhandlung kann in der Weise erfolgen, dass dieser sich an einem anderen Ort als die vernehmende Person aufhält und die Vernehmung zeitgleich in Bild und Ton an den Ort, an dem sich der Zeuge aufhält, und in das Vernehmungszimmer übertragen wird.

§ 59 Vereidigung

(1) Zeugen werden nur vereidigt, wenn es das Gericht wegen der ausschlaggebenden Bedeutung der Aussage oder zur Herbeiführung einer wahren Aussage nach seinem Ermessen für notwendig hält. …

(2) …

§ 68 Vernehmung zur Person; Beschränkung von Angaben; Zeugenschutz

(1) Die Vernehmung beginnt damit, dass der Zeuge über Vornamen, Nachnamen, Geburtsnamen, Alter, Beruf und Wohnort befragt wird. Ein Zeuge, der Wahrnehmungen in amtlicher Eigenschaft gemacht hat, kann statt des Wohnortes den Dienstort angeben.

(2) Einem Zeugen soll zudem gestattet werden, statt des Wohnortes seinen Geschäfts- oder Dienstort oder eine andere ladungsfähige Anschrift anzugeben, wenn ein begründeter Anlass zu der Besorgnis besteht, dass durch die Angabe des Wohnortes Rechtsgüter des Zeugen oder einer anderen Person gefährdet werden oder dass auf Zeugen oder eine andere Person in unlauterer Weise eingewirkt wird. In der Hauptverhandlung soll der Vorsitzende dem Zeugen bei Vorliegen der Voraussetzungen des Satzes 1 gestatten, seinen Wohnort nicht anzugeben.

(3) Besteht ein begründeter Anlass zu der Besorgnis, dass durch die Offenbarung der Identität oder des Wohn- oder Aufenthaltsortes des Zeugen Leben, Leib oder Freiheit des Zeugen oder einer anderen Person gefährdet wird, so kann ihm gestattet werden, Angaben zur Person nicht oder nur über eine frühere Identität zu machen. Er hat jedoch in der Hauptverhandlung auf Befragen anzugeben, in welcher Eigenschaft ihm die Tatsachen, die er bekundet, bekannt geworden sind. Ist dem Zeugen unter den Voraussetzungen des Satzes 1 gestattet worden, Angaben zur Person nicht oder nur über eine frühere Identität zu machen, darf er sein Gesicht entgegen § 176 Absatz 2 Satz 1 des Gerichtsverfassungsgesetzes ganz oder teilweise verhüllen.

(4) bis (5) …

§ 68a Beschränkung des Fragerechts aus Gründen des Persönlichkeitsschutzes

(1) Fragen nach Tatsachen, die dem Zeugen oder einer Person, die im Sinne des § 52 Abs. 1 sein Angehöriger ist, zur Unehre gereichen können oder deren persönlichen Lebensbereich betreffen, sollen nur gestellt werden, wenn es unerlässlich ist.

(2) Fragen nach Umständen, die die Glaubwürdigkeit des Zeugen in der vorliegenden Sache betreffen, insbesondere nach seinen Beziehungen zu dem Beschuldigten oder der verletzten Person, sind zu stellen, soweit dies erforderlich ist. Der Zeuge soll nach Vorstrafen nur gefragt werden, wenn ihre Feststellung notwendig ist, um über das Vorliegen der Voraussetzungen des § 60 Nr. 2 zu entscheiden oder um seine Glaubwürdigkeit zu beurteilen.

§ 68b Zeugenbeistand

(1) Zeugen können sich eines anwaltlichen Beistands bedienen. Einem zur Vernehmung des Zeugen erschienenen anwaltlichen Beistand ist die Anwesenheit gestattet. Er kann von der Vernehmung ausgeschlossen werden, wenn bestimmte Tatsachen die Annahme rechtfertigen, dass seine Anwesenheit die geordnete Beweiserhebung nicht nur unwesentlich beeinträchtigen würde. Dies wird in der Regel der Fall sein, wenn aufgrund bestimmter Tatsachen anzunehmen ist, dass …

1. bis 3. …

(2) Einem Zeugen, der bei seiner Vernehmung keinen anwaltlichen Beistand hat und dessen schutzwürdigen Interessen nicht auf andere Weise Rechnung getragen werden kann, ist für deren Dauer ein solcher beizuordnen, wenn besondere Umstände vorliegen, aus denen sich ergibt, dass der Zeuge seine Befugnisse bei seiner Vernehmung nicht selbst wahrnehmen kann. …

(3) …

§ 69 Vernehmung zur Sache

(1) Der Zeuge ist zu veranlassen, das, was ihm von dem Gegenstand seiner Vernehmung bekannt ist, im Zusammenhang anzugeben. Vor seiner Vernehmung ist dem Zeugen der Gegenstand der Untersuchung und die Person des Beschuldigten, sofern ein solcher vorhanden ist, zu bezeichnen.

(2) Zur Aufklärung und zur Vervollständigung der Aussage sowie zur Erforschung des Grundes, auf dem das Wissen des Zeugen beruht, sind nötigenfalls weitere Fragen zu stellen. …

(3) Die Vorschrift des § 136a gilt für die Vernehmung des Zeugen entsprechend.

§ 70 Folgen unberechtigter Zeugnis- oder Eidesverweigerung

(1) Wird das Zeugnis oder die Eidesleistung ohne gesetzlichen Grund verweigert, so werden dem Zeugen die durch die Weigerung verursachten Kosten auferlegt. Zugleich wird gegen ihn ein Ordnungsgeld und für den Fall, dass dieses nicht beigetrieben werden kann, Ordnungshaft festgesetzt.

(2) Auch kann zur Erzwingung des Zeugnisses die Haft angeordnet werden, jedoch nicht über die Zeit der Beendigung des Verfahrens in dem Rechtszug, auch nicht über die Zeit von sechs Monaten hinaus.

(3) bis (4) …

§ 85 Sachverständige Zeuge

Soweit zum Beweis vergangener Tatsachen oder Zustände, zu deren Wahrnehmung eine besondere Sachkunde erforderlich war, sachkundige Personen zu vernehmen sind, gelten die Vorschriften über den Zeugenbeweis.

§ 136 Erste Vernehmung

(1) Bei Beginn der Vernehmung ist dem Beschuldigten zu eröffnen, welche Tat ihm zur Last gelegt wird und welche Strafvorschriften in Betracht kommen. Er ist darauf hinzuweisen, dass es ihm freistehe, sich zu der Beschuldigung zu äußern oder nicht zur Sache auszusagen und jederzeit, auch schon vor seiner Vernehmung, einen von ihm zu wählenden Verteidiger zu befragen. Möchte der Beschuldigte vor seiner Vernehmung einen Verteidiger befragen, sind ihm Informationen zur Verfügung zu stellen, die es ihm erleichtern, einen Verteidiger zu kontaktieren. Auf bestehende anwaltliche Notdienste ist dabei hinzuweisen. Er ist ferner darüber zu belehren, daß er zu seiner Entlastung einzelne Beweiserhebungen beantragen und unter den Voraussetzungen des § 140 die Bestellung eines Pflichtverteidigers nach Maßgabe des § 141 Absatz 1 und des § 142 Absatz 1 beantragen kann; zu Letzterem ist er dabei auf die Kostenfolge des § 465 hinzuweisen. In geeigneten Fällen soll der Beschuldigte auch darauf, dass er sich schriftlich äu-

ßern kann, sowie auf die Möglichkeit eines Täter-Opfer-Ausgleichs hingewiesen werden.

(2) Die Vernehmung soll dem Beschuldigten Gelegenheit geben, die gegen ihn vorliegenden Verdachtsgründe zu beseitigen und die zu seinen Gunsten sprechenden Tatsachen geltend zu machen.

(3) Bei der ersten Vernehmung des Beschuldigten ist zugleich auf die Ermittlung seiner persönlichen Verhältnisse Bedacht zu nehmen.

(4) Die Vernehmung des Beschuldigten kann in Bild und Ton aufgezeichnet werden. Sie ist aufzuzeichnen, wenn

1. dem Verfahren ein vorsätzlich begangenes Tötungsdelikt zugrunde liegt und der Aufzeichnung weder die äußeren Umstände noch die besondere Dringlichkeit der Vernehmung entgegenstehen oder
2. die schutzwürdigen Interessen von Beschuldigten, die erkennbar unter eingeschränkten geistigen Fähigkeiten oder schwerwiegenden seelischen Störungen leiden, durch die Aufzeichnung besser gewahrt werden können.

§ 58a Absatz 2 gilt entsprechend.

§ 136a Verbotene Vernehmungsmethoden; Beweisverwertungsverbote

(1) Die Freiheit der Willensentschließung und Willensbetätigung des Beschuldigten darf nicht beeinträchtigt werden durch Misshandlung, durch Ermüdung, durch körperlichen Eingriff, durch Verabreichung von Mitteln, durch Quälerei, durch Täuschung oder durch Hypnose. Zwang darf nur angewandt werden, soweit das Strafverfahrensrecht dies zulässt. Die Drohung mit einer nach seinen Vorschriften unzulässigen Maßnahme und das Versprechen eines gesetzlich nicht vorgesehenen Vorteils sind verboten.

(2) Maßnahmen, die das Erinnerungsvermögen oder die Einsichtsfähigkeit des Beschuldigten beeinträchtigen, sind nicht gestattet.

(3) Das Verbot der Absätze 1 und 2 gilt ohne Rücksicht auf die Einwilligung des Beschuldigten. Aussagen, die unter Verletzung dieses Verbots zustande gekommen sind, dürfen auch dann nicht verwertet werden, wenn der Beschuldigte der Verwertung zustimmt.

§ 137 Recht des Beschuldigten auf Hinzuziehung eines Verteidigers

(1) Der Beschuldigte kann sich in jeder Lage des Verfahrens des Beistandes eines Verteidigers bedienen. Die Zahl der gewählten Verteidiger darf drei nicht übersteigen.

(2) …

§ 138 Wahlverteidiger

(1) Zu Verteidigern können Rechtsanwälte sowie Rechtslehrer an deutschen Hochschulen im Sinne des Hochschulrahmengesetzes mit Befähigung zum Richteramt gewählt werden.

(2) …

(3) Können sich Zeugen, Privatkläger, Nebenkläger, Nebenklagebefugte und Verletzte eines Rechtsanwalts als Beistand bedienen oder sich durch einen solchen vertreten lassen, können sie nach Maßgabe der Absätze 1 und 2 auch die übrigen dort genannten Personen wählen.

§ 140 Notwendige Verteidigung

(1) Die Mitwirkung eines Verteidigers ist notwendig, wenn

1. die Hauptverhandlung im ersten Rechtszug vor dem Oberlandesgericht, dem Landgericht oder dem Schöffengericht stattfindet;
2. dem Beschuldigten ein Verbrechen zur Last gelegt wird;
3. …
4. der Beschuldigte nach den §§ 115, 115a, 128 Absatz 1 oder § 129 einem Gericht zur Entscheidung über Haft oder einstweilige Unterbringung vorzuführen ist;

5. bis 11. …

(2) Ein Fall der notwendigen Verteidigung liegt auch vor, wenn wegen der Schwere der Tat, der Schwere der zu erwartenden Rechtsfolge oder wegen der Schwierigkeit der Sach- oder Rechtslage die Mitwirkung eines Verteidigers geboten erscheint oder wenn ersichtlich ist, dass sich der Beschuldigte nicht selbst verteidigen kann.

§ 141 Zeitpunkt der Bestellung eines Pflichtverteidigers

(1) In den Fällen der notwendigen Verteidigung wird dem Beschuldigten, dem der Tatvorwurf eröffnet worden ist und der noch keinen Verteidiger hat, unverzüglich ein Pflichtverteidiger bestellt, wenn der Beschuldigte dies nach Belehrung ausdrücklich beantragt. Über den Antrag ist spätestens vor einer Vernehmung des Beschuldigten oder einer Gegenüberstellung mit ihm zu entscheiden.

(2) Unabhängig von einem Antrag wird dem Beschuldigten, der noch keinen Verteidiger hat, in den Fällen der notwendigen Verteidigung ein Pflichtverteidiger bestellt, sobald

1. er einem Gericht zur Entscheidung über Haft oder einstweilige Unterbringung vorgeführt werden soll;
2. …
3. im Vorverfahren ersichtlich ist, dass sich der Beschuldigte, insbesondere bei einer Vernehmung des Beschuldigten oder einer Gegenüberstellung mit ihm, nicht selbst verteidigen kann, oder
4. …

…

§ 141a Vernehmungen und Gegenüberstellungen vor der Bestellung eines Pflichtverteidigers

Im Vorverfahren dürfen Vernehmungen des Beschuldigten oder Gegenüberstellungen mit dem Beschuldigten vor der Bestellung eines Pflichtverteidigers abweichend von § 141 Absatz 2 und, wenn der Beschuldigte hiermit ausdrücklich einverstanden ist, auch abweichend von § 141 Absatz 1 durchgeführt werden, soweit dies

1. zur Abwehr einer gegenwärtigen Gefahr für Leib oder Leben oder für die Freiheit einer Person dringend erforderlich ist oder
2. zur Abwendung einer erheblichen Gefährdung eines Strafverfahrens zwingend geboten ist.

Das Recht des Beschuldigten, jederzeit, auch schon vor der Vernehmung, einen von ihm zu wählenden Verteidiger zu befragen, bleibt unberührt.

§ 142 Zuständigkeit und Bestellungsverfahren

(1) Der Antrag des Beschuldigten nach § 141 Absatz 1 Satz 1 ist vor Erhebung der Anklage bei den Behörden oder Beamten des Polizeidienstes oder bei der Staatsanwaltschaft anzubringen. Die Staatsanwaltschaft legt ihn mit einer Stellungnahme unverzüglich dem Gericht zur Entscheidung vor, sofern sie nicht nach Absatz 4 verfährt. Nach Erhebung der Anklage ist der Antrag des Beschuldigten bei dem nach Absatz 3 Nummer 3 zuständigen Gericht anzubringen.

(2) Ist dem Beschuldigten im Vorverfahren ein Pflichtverteidiger gemäß § 141 Absatz 2 Satz 1 Nummer 1 bis 3 zu bestellen, so stellt die Staatsanwaltschaft unverzüglich den Antrag, dem Beschuldigten einen Pflichtverteidiger zu bestellen, sofern sie nicht nach Absatz 4 verfährt.

(3) Über die Bestellung entscheidet

1. das Amtsgericht, in dessen Bezirk die Staatsanwaltschaft oder ihre zuständige Zweigstelle ihren Sitz hat, oder das nach § 162 Absatz 1 Satz 3 zuständige Gericht;
2. in den Fällen des § 140 Absatz 1 Nummer 4 das Gericht, dem der Beschuldigte vorzuführen ist;
3. …

(4) Bei besonderer Eilbedürftigkeit kann auch die Staatsanwaltschaft über die Bestellung entscheiden. …

(5) bis (7) …

§ 147 Akteneinsichtsrecht, Besichtigungsrecht, Auskunftsrecht des Beschuldigten

(1) Der Verteidiger ist befugt, die Akten, die dem Gericht vorliegen oder diesem im Falle der Erhebung der Anklage vorzulegen wären, einzusehen sowie amtlich verwahrte Beweisstücke zu besichtigen.

(2) Ist der Abschluss der Ermittlungen noch nicht in den Akten vermerkt, kann dem Verteidiger die Einsicht in die Akten oder einzelne Aktenteile sowie die Besichtigung von amtlich verwahrten Beweisgegenständen versagt werden, soweit dies den Untersuchungszweck gefährden kann. Liegen die Voraussetzungen von Satz 1 vor und befindet sich der Beschuldigte in Untersuchungshaft oder ist diese im Fall der vorläufigen Festnahme beantragt, sind dem Verteidiger die für die Beurteilung der Rechtmäßigkeit der Freiheitsentziehung wesentlichen Informationen in geeigneter Weise zugänglich zu machen; in der Regel ist insoweit Akteneinsicht zu gewähren.

(3) Die Einsicht in die Niederschriften über die Vernehmung des Beschuldigten und über solche richterlichen Untersuchungshandlungen, bei denen dem Verteidiger die Anwesenheit gestattet worden ist oder hätte gestattet werden müssen, sowie in die Gutachten von Sachverständigen darf dem Verteidiger in keiner Lage des Verfahrens versagt werden.

(4) Der Beschuldigte, der keinen Verteidiger hat, ist in entsprechender Anwendung der Absätze 1 bis 3 befugt, die Akten einzusehen und unter Aufsicht amtlich verwahrte Beweisstücke zu besichtigen, soweit der Untersuchungszweck auch in einem anderen Strafverfahren nicht gefährdet werden kann und überwiegende schutzwürdige Interessen Dritter nicht entgegenstehen. Werden die Akten nicht elektronisch geführt, können ihm an Stelle der Einsichtnahme in die Akten Kopien aus den Akten bereitgestellt werden.

(5) Über die Gewährung der Akteneinsicht entscheidet im vorbereitenden Verfahren und nach rechtskräftigem Abschluss des Verfahrens die Staatsanwaltschaft, im Übrigen der Vorsitzende des mit der Sache befassten Gerichts. ...

(6) ...

§ 161a Vernehmung von Zeugen und Sachverständigen durch die Staatsanwaltschaft

(1) Zeugen und Sachverständige sind verpflichtet, auf Ladung vor der Staatsanwaltschaft zu erscheinen und zur Sache auszusagen oder ihr Gutachten zu erstatten. Soweit nichts anderes bestimmt ist, gelten die Vorschriften des sechsten und siebenten Abschnitts des ersten Buches über Zeugen und Sachverständige entsprechend. Die eidliche Vernehmung bleibt dem Richter vorbehalten.

(2) Bei unberechtigtem Ausbleiben oder unberechtigter Weigerung eines Zeugen oder Sachverständigen steht die Befugnis zu den in den §§ 51, 70 und 77 vorgesehenen Maßregeln der Staatsanwaltschaft zu. Jedoch bleibt die Festsetzung der Haft dem nach § 162 zuständigen Gericht vorbehalten.

(3) bis (5) ...

§ 163 Aufgaben der Polizei im Ermittlungsverfahren

(1) Die Behörden und Beamten des Polizeidienstes haben Straftaten zu erforschen und alle keinen Aufschub gestattenden Anordnungen zu treffen, um die Verdunkelung der Sache zu verhüten. Zu diesem Zweck sind sie befugt, alle Behörden um Auskunft zu ersuchen, bei Gefahr im Verzug auch, die Auskunft zu verlangen, sowie Ermittlungen jeder Art vorzunehmen, soweit nicht andere gesetzliche Vorschriften ihre Befugnisse besonders regeln.

(2) ...

(3) Zeugen sind verpflichtet, auf Ladung vor Ermittlungspersonen der Staatsanwaltschaft zu erscheinen und zur Sache auszusagen, wenn der Ladung ein Auftrag der Staatsanwaltschaft zugrunde liegt. Soweit nichts anderes bestimmt ist, gelten die Vorschriften des Sechsten Abschnitts des Ersten Buches entsprechend. Die eidliche Vernehmung bleibt dem Gericht vorbehalten.

(4) bis (7) ...

§ 163a Vernehmung des Beschuldigten

(1) Der Beschuldigte ist spätestens vor dem Abschluss der Ermittlungen zu vernehmen, es sei denn, dass das Verfahren zur Einstellung führt. In einfachen Sachen genügt es, dass ihm Gelegenheit gegeben wird, sich schriftlich zu äußern.

(2) Beantragt der Beschuldigte zu seiner Entlastung die Aufnahme von Beweisen, so sind sie zu erheben, wenn sie von Bedeutung sind.

(3) Der Beschuldigte ist verpflichtet, auf Ladung vor der Staatsanwaltschaft zu erscheinen. ...

(4) Bei der ersten Vernehmung des Beschuldigten durch Beamte des Polizeidienstes ist dem Beschuldigten zu eröffnen, welche Tat ihm zur Last gelegt wird. Im Übrigen sind bei der Vernehmung des Beschuldigten durch Beamte des Polizeidienstes § 136 Absatz 1 Satz 2 bis 6, Absatz 2 bis 4 und § 136a anzuwenden. § 168c Absatz 1 und 5 gilt für den Verteidiger entsprechend.

(5) § 187 Absatz 1 bis 3 und § 189 Absatz 4 des Gerichtsverfassungsgesetzes gelten entsprechend.

§ 168a Art der Protokollierung richterlicher Untersuchungshandlungen

(1) Das Protokoll muss Ort und Tag der Verhandlung sowie die Namen der mitwirkenden und beteiligten Personen angeben und ersehen lassen, ob die wesentlichen Förmlichkeiten des Verfahrens beachtet sind. § 68 Abs. 2, 3 bleibt unberührt.

(2) Der Inhalt des Protokolls kann in einer gebräuchlichen Kurzschrift, mit einer Kurzschriftmaschine, mit einem Tonaufnahmegerät oder durch verständliche Abkürzungen vorläufig aufgezeichnet werden. Das Protokoll ist in diesem Fall unverzüglich nach Beendigung der Verhandlung herzustellen. Die vorläufigen Aufzeichnungen sind zu den Akten zu nehmen oder, wenn sie sich nicht dazu eignen, bei der Geschäftsstelle mit den Akten aufzubewahren. Tonaufzeichnungen können gelöscht werden, wenn das Verfahren rechtskräftig abgeschlossen oder sonst beendet ist.

(3) Das Protokoll ist den bei der Verhandlung beteiligten Personen, soweit es sie betrifft, zur Genehmigung vorzulesen oder zur Durchsicht vorzulegen. Die Genehmigung ist zu vermerken. Das Protokoll ist von den Beteiligten zu unterschreiben oder es ist darin anzugeben, weshalb die Unterschrift unterblieben ist. Ist der Inhalt des Protokolls nur vorläufig aufgezeichnet worden, so genügt es, wenn die Aufzeichnungen vorgelesen oder abgespielt werden. In dem Protokoll ist zu vermerken, dass dies ge-

schehen und die Genehmigung erteilt ist oder welche Einwendungen erhoben worden sind. Das Vorlesen oder die Vorlage zur Durchsicht oder das Abspielen kann unterbleiben, wenn die beteiligten Personen, soweit es sie betrifft, nach der Aufzeichnung darauf verzichten; in dem Protokoll ist zu vermerken, dass der Verzicht ausgesprochen worden ist.

(4) …

§ 168b Protokoll über ermittlungsbehördliche Untersuchungshandlungen

(1) Das Ergebnis der Untersuchungshandlungen der Ermittlungsbehörden ist aktenkundig zu machen.

(2) Über die Vernehmung des Beschuldigten, der Zeugen und Sachverständigen soll ein Protokoll nach den §§ 168 und 168a aufgenommen werden, soweit dies ohne erhebliche Verzögerung der Ermittlungen geschehen kann. Wird über die Vernehmung des Beschuldigten kein Protokoll gefertigt, ist die Teilnahme seines Verteidigers an der Vernehmung aktenkundig zu machen.

(3) Die in § 163a vorgeschriebenen Belehrungen des Beschuldigten vor seiner Vernehmung sowie die in § 58 Absatz 2 Satz 5 vorgeschriebene Belehrung vor einer Gegenüberstellung sind zu dokumentieren. Dies gilt auch für die Entscheidung des Beschuldigten darüber, ob er vor seiner Vernehmung einen von ihm zu wählenden Verteidiger befragen möchte, und für das Einverständnis des Beschuldigten gemäß § 141a Satz 1.

§ 238 Verhandlungsleitung

(1) Die Leitung der Verhandlung, die Vernehmung des Angeklagten und die Aufnahme des Beweises erfolgt durch den Vorsitzenden.

(2) Wird eine auf die Sachleitung bezügliche Anordnung des Vorsitzenden von einer bei der Verhandlung beteiligten Person als unzulässig beanstandet, so entscheidet das Gericht.

§ 239 Kreuzverhör

(1) Die Vernehmung der von der Staatsanwaltschaft und dem Angeklagten benannten Zeugen und Sachverständigen ist der Staatsanwaltschaft und dem Verteidiger auf deren übereinstimmenden Antrag von dem Vorsitzenden zu überlassen. Bei den von der Staatsanwaltschaft benannten Zeugen und Sachverständigen hat diese, bei den von dem Angeklagten benannten der Verteidiger in erster Reihe das Recht zur Vernehmung.

(2) Der Vorsitzende hat auch nach dieser Vernehmung die ihm zur weiteren Aufklärung der Sache erforderlich scheinenden Fragen an die Zeugen und Sachverständigen zu richten.

§ 240 Fragerecht

(1) Der Vorsitzende hat den beisitzenden Richtern auf Verlangen zu gestatten, Fragen an den Angeklagten, die Zeugen und die Sachverständigen zu stellen.

(2) Dasselbe hat der Vorsitzende der Staatsanwaltschaft, dem Angeklagten und dem Verteidiger sowie den Schöffen zu gestatten. Die unmittelbare Befragung eines Angeklagten durch einen Mitangeklagten ist unzulässig.

§ 241 Zurückweisung von Fragen durch den Vorsitzenden

(1) Dem, welcher im Falle des § 239 Abs. 1 die Befugnis der Vernehmung missbraucht, kann sie von dem Vorsitzenden entzogen werden.

(2) In den Fällen des § 239 Abs. 1 und des § 240 Abs. 2 kann der Vorsitzende ungeeignete oder nicht zur Sache gehörende Fragen zurückweisen.

§ 242 Entscheidung über die Zulässigkeit von Fragen

Zweifel über die Zulässigkeit einer Frage entscheidet in allen Fällen das Gericht.

§ 243 Gang der Hauptverhandlung

(1) Die Hauptverhandlung beginnt mit dem Aufruf der Sache. Der Vorsitzende stellt fest, ob der Angeklagte und der Verteidiger anwesend und die Beweismittel herbeigeschafft, insbesondere die geladenen Zeugen und Sachverständigen erschienen sind.

(2) Die Zeugen verlassen den Sitzungssaal. Der Vorsitzende vernimmt den Angeklagten über seine persönlichen Verhältnisse.

(3) Darauf verliest der Staatsanwalt den Anklagesatz. …

(4) …

(5) Sodann wird der Angeklagte darauf hingewiesen, dass es ihm freistehe, sich zu der Anklage zu äußern oder nicht zur Sache auszusagen. Ist der Angeklagte zur Äußerung bereit, so wird er nach Maßgabe des § 136 Abs. 2

zur Sache vernommen. ... Vorstrafen des Angeklagten sollen nur insoweit festgestellt werden, als sie für die Entscheidung von Bedeutung sind. Wann sie festgestellt werden, bestimmt der Vorsitzende.

§ 244 Beweisaufnahme; Untersuchungsgrundsatz; Ablehnung von Beweisanträgen

(1) Nach der Vernehmung des Angeklagten folgt die Beweisaufnahme.
(2) bis (6) ...

§ 249 Führung des Urkundenbeweises durch Verlesung; Selbstleseverfahren

(1) Urkunden und andere als Beweismittel dienende Schriftstücke werden in der Hauptverhandlung verlesen. ...
(2) ...

§ 250 Grundsatz der persönlichen Vernehmung

Beruht der Beweis einer Tatsache auf der Wahrnehmung einer Person, so ist diese in der Hauptverhandlung zu vernehmen. Die Vernehmung darf nicht durch Verlesung des über eine frühere Vernehmung aufgenommenen Protokolls oder einer schriftlichen Erklärung ersetzt werden.

§ 252 Verbot der Protokollverlesung nach Zeugnisverweigerung

Die Aussage eines vor der Hauptverhandlung vernommenen Zeugen, der erst in der Hauptverhandlung von seinem Recht, das Zeugnis zu verweigern, Gebrauch macht, darf nicht verlesen werden.

§ 253 Protokollverlesung zur Gedächtnisunterstützung

(1) Erklärt ein Zeuge oder Sachverständiger, dass er sich einer Tatsache nicht mehr erinnere, so kann der hierauf bezügliche Teil des Protokolls über seine frühere Vernehmung zur Unterstützung seines Gedächtnisses verlesen werden.
(2) Dasselbe kann geschehen, wenn ein in der Vernehmung hervortretender Widerspruch mit der früheren Aussage nicht auf andere Weise ohne

Unterbrechung der Hauptverhandlung festgestellt oder behoben werden kann.

§ 254 Verlesung eines richterlichen Protokolls bei Geständnis und oder Widersprüchen

(1) Erklärungen des Angeklagten, die in einem richterlichen Protokoll oder in einer Bild-Ton-Aufzeichnung einer Vernehmung enthalten sind, können zum Zweck der Beweisaufnahme über ein Geständnis verlesen beziehungsweise vorgeführt werden.

(2) Dasselbe kann geschehen, wenn ein in der Vernehmung hervortretender Widerspruch mit der früheren Aussage nicht auf andere Weise ohne Unterbrechung der Hauptverhandlung festgestellt oder behoben werden kann.

§ 256 Verlesung der Erklärungen von Behörden und Sachverständigen

(1) Verlesen werden können

1. bis 4. …
5. Protokolle sowie in einer Urkunde enthaltene Erklärungen der Strafverfolgungsbehörden über Ermittlungshandlungen, soweit diese nicht eine Vernehmung zum Gegenstand haben und
6. …

(2) …

§ 261 Grundsatz der freien richterlichen Beweiswürdigung

Über das Ergebnis der Beweisaufnahme entscheidet das Gericht nach seiner freien, aus dem Inbegriff der Verhandlung geschöpften Überzeugung.

§ 264 Gegenstand des Urteils

(1) Gegenstand der Urteilsfindung ist die in der Anklage bezeichnete Tat, wie sie sich nach dem Ergebnis der Verhandlung darstellt.

(2) …

§ 304 Zulässigkeit

(1) Die Beschwerde ist gegen alle von den Gerichten im ersten Rechtszug oder im Berufungsverfahren erlassenen Beschlüsse und gegen die Verfügungen des Vorsitzenden, des Richters im Vorverfahren und eines beauftragten oder ersuchten Richters zulässig, soweit das Gesetz sie nicht ausdrücklich einer Anfechtung entzieht.

(2) Auch Zeugen, Sachverständige und andere Personen können gegen Beschlüsse und Verfügungen, durch die sie betroffen werden, Beschwerde erheben.

(3) bis (5) …

§ 307 Keine Vollzugshemmung

(1) Durch Einlegung der Beschwerde wird der Vollzug der angefochtenen Entscheidung nicht gehemmt.

(2) Jedoch kann das Gericht, der Vorsitzende oder der Richter, dessen Entscheidung angefochten wird, sowie auch das Beschwerdegericht anordnen, dass die Vollziehung der angefochtenen Entscheidung auszusetzen ist.

§ 338 Absolute Revisionsgründe

Ein Urteil ist stets als auf einer Verletzung des Gesetzes beruhend anzusehen,

1. bis 2. …
3. wenn bei dem Urteil ein Richter oder Schöffe mitgewirkt hat, nachdem er wegen Besorgnis der Befangenheit abgelehnt war und das Ablehnungsgesuch entweder für begründet erklärt war oder mit Unrecht verworfen worden ist;
4. bis 7. …
8. wenn die Verteidigung in einem für die Entscheidung wesentlichen Punkt durch einen Beschluss des Gerichts unzulässig beschränkt worden ist.

Gerichtsverfassungsgesetz

§ 176 [Sitzungspolizei]

(1) Die Aufrechterhaltung der Ordnung in der Sitzung obliegt dem Vorsitzenden.

(2) An der Verhandlung beteiligte Personen dürfen ihr Gesicht während der Sitzung weder ganz noch teilweise verhüllen. Der Vorsitzende kann Ausnahmen gestatten, wenn und soweit die Kenntlichmachung des Gesichts weder zur Identitätsfeststellung noch zur Beweiswürdigung notwendig ist.

§ 177 [Maßnahmen zur Aufrechterhaltung der Ordnung]

Parteien, Beschuldigte, Zeugen, Sachverständige oder bei der Verhandlung nicht beteiligte Personen, die den zur Aufrechterhaltung der Ordnung getroffenen Anordnungen nicht Folge leisten, können aus dem Sitzungszimmer entfernt sowie zur Ordnungshaft abgeführt und während einer zu bestimmenden Zeit, die vierundzwanzig Stunden nicht übersteigen darf, festgehalten werden. Über Maßnahmen nach Satz 1 entscheidet gegenüber Personen, die bei der Verhandlung nicht beteiligt sind, der Vorsitzende, in den übrigen Fällen das Gericht.

§ 178 [Ordnungsmittel wegen Ungebühr]

(1) Gegen Parteien, Beschuldigte, Zeugen, Sachverständige oder bei der Verhandlung nicht beteiligte Personen, die sich in der Sitzung einer Ungebühr schuldig machen, kann vorbehaltlich der strafgerichtlichen Verfolgung ein Ordnungsgeld bis zu eintausend Euro oder Ordnungshaft bis zu einer Woche festgesetzt und sofort vollstreckt werden. Bei der Festsetzung von Ordnungsgeld ist zugleich für den Fall, dass dieses nicht beigetrieben werden kann, zu bestimmen, in welchem Maße Ordnungshaft an seine Stelle tritt.

(2) Über die Festsetzung von Ordnungsmitteln entscheidet gegenüber Personen, die bei der Verhandlung nicht beteiligt sind, der Vorsitzende, in den übrigen Fällen das Gericht.

(3) …

Jugendgerichtsgesetz

§ 67 Stellung des Erziehungsberechtigten und der gesetzlichen Vertreter

(1) Soweit der Beschuldigte ein Recht darauf hat, gehört zu werden, Fragen und Anträge zu stellen oder bei Untersuchungshandlungen anwesend zu sein, steht dieses Recht auch den Erziehungsberechtigten und den gesetzlichen Vertretern zu.

(2) Die Rechte der gesetzlichen Vertreter zur Wahl eines Verteidigers und zur Einlegung von Rechtsbehelfen stehen auch den Erziehungsberechtigten zu.

(3) Bei Untersuchungshandlungen, bei denen der Jugendliche ein Recht darauf hat, anwesend zu sein, namentlich bei seiner Vernehmung, ist den Erziehungsberechtigten und den gesetzlichen Vertretern die Anwesenheit gestattet, soweit

1. dies dem Wohl des Jugendlichen dient und
2. ihre Anwesenheit das Strafverfahren nicht beeinträchtigt.

...

(4) ...

(5) Sind mehrere erziehungsberechtigt, so kann jeder von ihnen die in diesem Gesetz bestimmten Rechte des Erziehungsberechtigten ausüben. ... Sind Mitteilungen oder Ladungen vorgeschrieben, so genügt es, wenn sie an einen Erziehungsberechtigten gerichtet werden.

§ 67a Unterrichtung der Erziehungsberechtigten und der gesetzlichen Vertreter

(1) Ist eine Mitteilung an den Beschuldigten vorgeschrieben, so soll die entsprechende Mitteilung an die Erziehungsberechtigten und die gesetzlichen Vertreter gerichtet werden.

(2) Die Informationen, die der Jugendliche nach § 70a zu erhalten hat, sind jeweils so bald wie möglich auch den Erziehungsberechtigten und den gesetzlichen Vertretern zu erteilen. Wird dem Jugendlichen einstweilig die Freiheit entzogen, sind die Erziehungsberechtigten und die gesetzlichen Vertreter so bald wie möglich über den Freiheitsentzug und die Gründe hierfür zu unterrichten.

(3) bis (6) ...

§ 68 Notwendige Verteidigung

Ein Fall der notwendigen Verteidigung liegt vor, wenn

1. im Verfahren gegen einen Erwachsenen ein Fall der notwendigen Verteidigung vorliegen würde,
2. bis 4. …
5. die Verhängung einer Jugendstrafe, die Aussetzung der Verhängung einer Jugendstrafe oder die Anordnung der Unterbringung in einem psychiatrischen Krankenhaus oder in einer Entziehungsanstalt zu erwarten ist.

§ 68a Zeitpunkt der Bestellung eines Pflichtverteidigers

(1) In den Fällen der notwendigen Verteidigung wird dem Jugendlichen, der noch keinen Verteidiger hat, ein Pflichtverteidiger spätestens bestellt, bevor eine Vernehmung des Jugendlichen oder eine Gegenüberstellung mit ihm durchgeführt wird. Dies gilt nicht, wenn ein Fall der notwendigen Verteidigung allein deshalb vorliegt, weil dem Jugendlichen ein Verbrechen zur Last gelegt wird, ein Absehen von der Strafverfolgung nach § 45 Absatz 2 oder 3 zu erwarten ist und die Bestellung eines Pflichtverteidigers zu dem in Satz 1 genannten Zeitpunkt auch unter Berücksichtigung des Wohls des Jugendlichen und der Umstände des Einzelfalls unverhältnismäßig wäre.

(2) …

§ 68b Vernehmungen und Gegenüberstellungen vor der Bestellung eines Pflichtverteidigers

Abweichend von § 68a Absatz 1 dürfen im Vorverfahren Vernehmungen des Jugendlichen oder Gegenüberstellungen mit ihm vor der Bestellung eines Pflichtverteidigers durchgeführt werden, soweit dies auch unter Berücksichtigung des Wohls des Jugendlichen

1. zur Abwehr schwerwiegender nachteiliger Auswirkungen auf Leib oder Leben oder die Freiheit einer Person dringend erforderlich ist oder
2. ein sofortiges Handeln der Strafverfolgungsbehörden zwingend geboten ist, um eine erhebliche Gefährdung eines sich auf eine schwere Straftat beziehenden Strafverfahrens abzuwenden.

Das Recht des Jugendlichen, jederzeit, auch schon vor der Vernehmung, einen von ihm zu wählenden Verteidiger zu befragen, bleibt unberührt.

§ 70a Unterrichtung des Jugendlichen

(1) Wenn der Jugendliche davon in Kenntnis gesetzt wird, dass er Beschuldigter ist, so ist er unverzüglich über die Grundzüge eines Jugendstrafverfahrens zu informieren. Über die nächsten anstehenden Schritte in dem gegen ihn gerichteten Verfahren wird er ebenfalls unverzüglich informiert, sofern der Zweck der Untersuchung dadurch nicht gefährdet wird. Außerdem ist der Jugendliche unverzüglich darüber zu unterrichten, dass
1. bis 6. …

(2) bis (7) …

§ 70b Belehrungen

(1) Vorgeschriebene Belehrungen des Jugendlichen müssen in einer Weise erfolgen, die seinem Alter und seinem Entwicklungs- und Bildungsstand entspricht. Sie sind auch an seine anwesenden Erziehungsberechtigten und gesetzlichen Vertreter zu richten und müssen dabei in einer Weise erfolgen, die es diesen ermöglicht, ihrer Verantwortung im Hinblick auf den Gegenstand der Belehrung gerecht zu werden. Sind Erziehungsberechtigte und gesetzliche Vertreter bei der Belehrung des Jugendlichen über die Bedeutung vom Gericht angeordneter Rechtsfolgen nicht anwesend, muss ihnen die Belehrung darüber schriftlich erteilt werden.

(2) Sind bei einer Belehrung über die Bedeutung der Aussetzung einer Jugendstrafe zur Bewährung oder über die Bedeutung des Vorbehalts einer diesbezüglichen nachträglichen Entscheidung auch jugendliche oder heranwachsende Mitangeklagte anwesend, die nur zu Erziehungsmaßregeln oder Zuchtmitteln verurteilt werden, soll die Belehrung auch ihnen ein Verständnis von der Bedeutung der Entscheidung vermitteln.

§ 70c Vernehmung des Beschuldigten

(1) Die Vernehmung des Beschuldigten ist in einer Art und Weise durchzuführen, die seinem Alter und seinem Entwicklungs- und Bildungsstand Rechnung trägt.

(2) Außerhalb der Hauptverhandlung kann die Vernehmung in Bild und Ton aufgezeichnet werden. Andere als richterliche Vernehmungen sind in Bild und Ton aufzuzeichnen, wenn zum Zeitpunkt der Vernehmung die Mitwirkung eines Verteidigers notwendig ist, ein Verteidiger aber nicht anwesend ist. Im Übrigen bleibt § 136 Absatz 4 Satz 2 der Strafprozessord-

nung, auch in Verbindung mit § 163a Absatz 3 Satz 2 oder Absatz 4 Satz 2 der Strafprozessordnung, unberührt. Wird die Vernehmung in Bild und Ton aufgezeichnet, gilt § 58a Absatz 2 und 3 der Strafprozessordnung entsprechend.

(3) Eine Aufzeichnung in Bild und Ton nach Absatz 2 lässt die Vorschriften der Strafprozessordnung über die Protokollierung von Untersuchungshandlungen unberührt. Wird eine Vernehmung des Beschuldigten außerhalb der Hauptverhandlung nicht in Bild und Ton aufgezeichnet, ist über sie stets ein Protokoll aufzunehmen.

(4) Ist oder wird die Mitwirkung eines Verteidigers zum Zeitpunkt einer Vernehmung des Beschuldigten oder einer Gegenüberstellung (§ 58 Absatz 2 der Strafprozessordnung) notwendig, ist diese für eine angemessene Zeit zu verschieben oder zu unterbrechen, wenn ein Verteidiger nicht anwesend ist und kein Fall des § 68b vorliegt. Satz 1 gilt nicht, wenn der Verteidiger ausdrücklich auf seine Anwesenheit verzichtet hat.

Abgabenordnung

§ 397 Einleitung des Strafverfahrens

(1) Das Strafverfahren ist eingeleitet, sobald die Finanzbehörde, die Polizei, die Staatsanwaltschaft, eine ihrer Ermittlungspersonen oder der Strafrichter eine Maßnahme trifft, die erkennbar darauf abzielt, gegen jemanden wegen einer Steuerstraftat strafrechtlich vorzugehen.

(2) bis (3) …

Strafgesetzbuch

§ 153 Falsche uneidliche Aussage

Wer vor Gericht oder vor einer anderen zur eidlichen Vernehmung von Zeugen und Sachverständigen zuständigen Stelle als Zeuge oder Sachverständiger uneidlich falsch aussagt, wird mit Freiheitsstrafe von drei Monaten bis zu fünf Jahren bestraft.

§ 154 Meineid

(1) Wer vor Gericht oder vor einer anderen zur Abnahme von Eiden zuständigen Stelle falsch schwört, wird mit Freiheitsstrafe nicht unter einem Jahr bestraft.

(2) In minder schweren Fällen ist die Strafe Freiheitsstrafe von sechs Monaten bis zu fünf Jahren.

Bundesbeamtengesetz

§ 41 Verlust der Beamtenrechte

(1) Werden Beamtinnen oder Beamte im ordentlichen Strafverfahren durch das Urteil eines deutschen Gerichts

1. wegen einer vorsätzlichen Tat zu einer Freiheitsstrafe von mindestens einem Jahr oder
2. …

verurteilt, endet das Beamtenverhältnis mit der Rechtskraft des Urteils. …

(2) …

§ 61 Wahrnehmung von Aufgaben, Verhalten

(1) Beamtinnen und Beamte haben sich mit vollem persönlichem Einsatz ihrem Beruf zu widmen. Sie haben das ihnen übertragene Amt uneigennützig nach bestem Gewissen wahrzunehmen. Ihr Verhalten innerhalb und außerhalb des Dienstes muss der Achtung und dem Vertrauen gerecht werden, die ihr Beruf erfordert. Sie dürfen ihr Gesicht bei Ausübung des Dienstes oder bei einer Tätigkeit mit unmittelbarem Dienstbezug nicht verhüllen, es sei denn, dienstliche oder gesundheitliche Gründe erfordern dies.

(2) …

§ 65 Befreiung von Amtshandlungen

(1) Beamtinnen und Beamte sind von Amtshandlungen zu befreien, die sich gegen sie selbst oder Angehörige richten würden, zu deren Gunsten ihnen wegen familienrechtlicher Beziehungen im Strafverfahren ein Zeugnisverweigerungsrecht zusteht.

(2) …

§ 67 Verschwiegenheitspflicht

(1) Beamtinnen und Beamte haben über die ihnen bei oder bei Gelegenheit ihrer amtlichen Tätigkeit bekannt gewordenen dienstlichen Angelegenheiten Verschwiegenheit zu bewahren. Dies gilt auch über den Bereich eines Dienstherrn hinaus sowie nach Beendigung des Beamtenverhältnisses.

(2) …

(3) Beamtinnen und Beamte dürfen ohne Genehmigung über Angelegenheiten nach Absatz 1 weder vor Gericht noch außergerichtlich aussagen oder Erklärungen abgeben. Die Genehmigung erteilt der oder die Dienstvorgesetzte, …

(4) …

§ 68 Versagung der Aussagegenehmigung

(1) Die Genehmigung, als Zeugin oder Zeuge auszusagen, darf nur versagt werden, wenn die Aussage dem Wohle des Bundes oder eines deutschen Landes Nachteile bereiten oder die Erfüllung öffentlicher Aufgaben ernstlich gefährden oder erheblich erschweren würde.

(2) bis (3) …

Beamtenstatusgesetz

§ 24 Verlust der Beamtenrechte

(1) Wenn eine Beamtin oder ein Beamter im ordentlichen Strafverfahren durch das Urteil eines deutschen Gerichts

1. wegen einer vorsätzlichen Tat zu einer Freiheitsstrafe von mindestens einem Jahr oder
2. …

verurteilt wird, endet das Beamtenverhältnis mit der Rechtskraft des Urteils. …

(2) …

§ 34 Wahrnehmung der Aufgaben, Verhalten

Beamtinnen und Beamte haben sich mit vollem persönlichem Einsatz ihrem Beruf zu widmen. … Ihr Verhalten muss der Achtung und dem Vertrauen gerecht werden, die ihr Beruf erfordert. …

§ 37 Verschwiegenheitspflicht

(1) Beamtinnen und Beamte haben über die ihnen bei oder bei Gelegenheit ihrer amtlichen Tätigkeit bekannt gewordenen dienstlichen Angelegenheiten Verschwiegenheit zu bewahren. Dies gilt auch über den Bereich eines Dienstherrn hinaus sowie nach Beendigung des Beamtenverhältnisses.

(2) …

(3) Beamtinnen und Beamte dürfen ohne Genehmigung über Angelegenheiten nach Absatz 1 weder vor Gericht noch außergerichtlich aussagen oder Erklärungen abgeben. Die Genehmigung erteilt der Dienstherr, …

(4) Die Genehmigung, als Zeugin oder Zeuge auszusagen, darf nur versagt werden, wenn die Aussage dem Wohl des Bundes oder eines deutschen Landes erhebliche Nachteile bereiten oder die Erfüllung öffentlicher Aufgaben ernstlich gefährden oder erheblich erschweren würde. …

(5) bis (6) …

Bundesrechtsanwaltsordnung

§ 43a Grundpflichten

(1) bis (2) …

(3) Der Rechtsanwalt darf sich bei seiner Berufsausübung nicht unsachlich verhalten. Unsachlich ist insbesondere ein Verhalten, bei dem es sich um die bewusste Verbreitung von Unwahrheiten oder solche herabsetzenden Äußerungen handelt, zu denen andere Beteiligte oder der Verfahrensablauf keinen Anlass gegeben haben.

(4) bis (6) …

Berufsordnung für Rechtsanwälte

§ 19 Akteneinsicht

(1) Wer Originalakten von Gerichten und Behörden zur Einsichtnahme erhält, darf sie nur an Mitarbeiter aushändigen. Dies gilt auch für das Überlassen der Akte im Ganzen innerhalb der Kanzlei. …

(2) Ablichtungen und Vervielfältigungen dürfen Mandanten überlassen werden. Soweit jedoch gesetzliche Bestimmungen oder eine zulässigerweise ergangene Anordnung der die Akten aushändigenden Stelle das Akteneinsichtsrechts beschränken, hat der Rechtsanwalt dies auch bei der Vermittlung des Akteninhalts an Mandanten oder andere Personen zu beachten.

Richtlinien für das Straf- und Bußgeldverfahren

Nr. 15 Aufklärung der für die Bestimmung der Rechtsfolgen der Tat bedeutsamen Umstände

(1) Alle Umstände, die für die Strafbemessung, die Strafaussetzung zur Bewährung, die Verwarnung mit Strafvorbehalt, das Absehen von Strafe, die Nebenstrafe und Nebenfolgen oder die Anordnung von Maßregeln der Besserung und Sicherung, des Verfalls oder sonstiger Maßnahmen (§ 11 Abs. 1 Nr. 8 StGB) von Bedeutung sein können, sind schon im vorbereitenden Verfahren aufzuklären. …

(2) bis (5) …

Nr. 45 Form der Vernehmung und Niederschrift

(1) Die Belehrung des Beschuldigten vor seiner ersten Vernehmung nach § 136 Abs. 1, § 163a Abs. 3 Satz 2 StPO ist aktenkundig zu machen.

(2) Für bedeutsame Teile der Vernehmung empfiehlt es sich, die Fragen, Vorhalte und Antworten möglichst wörtlich in die Niederschrift aufzunehmen. Legt der Beschuldigte ein Geständnis ab, so sind die Einzelheiten der Tat möglichst mit seinen eigenen Worten wiederzugeben. Es ist darauf zu achten, dass besonders solche Umstände aktenkundig gemacht werden, die nur der Täter wissen kann. Die Namen der Personen, die das Geständnis mit angehört haben, sind zu vermerken.

Nr. 66 Vernehmung von Personen des öffentlichen Dienstes

(1) Soll ein Richter, ein Beamter oder eine andere Person des öffentlichen Dienstes als Zeuge vernommen werden und erstreckt sich die Vernehmung auf Umstände, die der Amtsverschwiegenheit unterliegen, so holt die Stelle, die den Zeugen vernehmen will, die Aussagegenehmigung von Amts wegen ein. Bestehen Zweifel, ob sich die Vernehmung auf Umstände, die der Amtsverschwiegenheit unterliegen, erstrecken kann, so ist dies vor der Vernehmung durch eine Anfrage bei dem Dienstvorgesetzten zu klären.

(2) Um die Genehmigung ist der Dienstvorgesetzte zu ersuchen, dem der Zeuge im Zeitpunkt der Vernehmung untersteht oder dem er im Falle des § 54 Abs. 4 StPO zuletzt unterstanden hat.

(3) Der Antrag auf Erteilung einer Aussagegenehmigung muss die Vorgänge, über die der Zeuge vernommen werden soll, kurz, aber erschöpfend

angeben, damit der Dienstvorgesetzte beurteilen kann, ob Versagungsgründe vorliegen. Der Antrag ist so rechtzeitig zu stellen, dass der Dienstvorgesetzte ihn prüfen und seine Entscheidung noch vor dem Termin mitteilen kann. In eiligen Sachen wird deshalb die Aussagegenehmigung schon vor der Anberaumung des Termins einzuholen sein.

Nr. 67 Schriftliche Aussage

(1) In geeigneten Fällen kann es ausreichen, dass ein Zeuge sich über bestimmte Fragen zunächst schriftlich äußert, vorausgesetzt, dass er glaubwürdig erscheint und eine vollständige Auskunft von ihm erwartet werden kann. In dieser Weise zu verfahren, empfiehlt sich besonders dann, wenn der Zeuge für seine Aussage Akten, Geschäftsbücher oder andere umfangreiche Schriftstücke braucht.

(2) …

Literaturverzeichnis

Adler, Frank. Rechtsfragen bei Vernehmungen in Strafsachen, in: Vernehmung in Theorie und Praxis. Wahrheit – Irrtum – Lüge, hrsg. von Max Hermanutz und Sven Max Litzcke, 3. Aufl., Stuttgart [u. a.] 2012, S. 32–53.

Altenhain, Karsten. Dokumentationspflicht im Ermittlungsverfahren. Warum eigentlich nicht?, in: ZIS 2015, 269–282.

Arntzen, Friedrich. Psychologie der Zeugenaussage. System der Glaubhaftigkeitsmerkmale, 5. Aufl., München 2011.

Artkämper, Heiko. Polizeizeugen, in: DPolBl 2011, S. 11–16.

ders. Umgang mit aggressiven Verteidigungsstrategien, in: DPolBl 2011, S. 22–24.

Artkämper, Heiko/Jakobs, Carola. Polizeibeamte als Zeugen vor Gericht. Zeugenrolle und Sachverständigenstatus, 2. Aufl., Hilden/Rhld. 2019 (zitiert nach Randnummer).

Artkämper, Heiko/Schilling, Karsten. Vernehmungen. Taktik, Psychologie, Recht, 5. Aufl. Hilden/Rhld. 2018 (zitiert nach Randnummer).

Bender, Rolf/Nack, Armin/Treuer, Wolf-Dieter. Tatsachenfeststellungen vor Gericht. Glaubwürdigkeits- und Beweislehre, Vernehmungslehre, 4. Aufl., München 2014 (zitiert nach Randnummer).

Bendler, Wolfgang. Die Strafverteidigung im Ermittlungsverfahren, in: Grundlagen der Strafverteidigung. Handbuch für die Aus- und Fortbildung des Fachanwalts, hrsg. von Ulrich Ziegert, Stuttgart [u. a.] 2000, S. 57–119.

Böß, Tillmann. Das Gesetz zur Neuregelung des Rechts der notwendigen Verteidigung, in: NStZ 2020, S. 185–192.

Burghard, Waldemar. Auf Biegen und Brechen? Zum Verhältnis von Polizeibeamten zu Strafverteidigern, in: Kriminalistik 1991, S. 610–614.

Dahs, Hans. Handbuch des Strafverteidigers, 8. Aufl., München 2015 (zitiert nach Randnummer).

Danckert, Peter/Ignor, Alexander. Die Rechtsstellung des Strafverteidigers, in: Grundlagen der Strafverteidigung. Handbuch für die Aus- und Fortbildung des Fachanwalts, hrsg. von Ulrich Ziegert, Stuttgart [u. a.] 2000, S. 15–44.

Eckstein, Christoph. Wahrheitspflicht und Aussageverweigerungsrecht des Beamten bei dienstlichen Befragungen und Stellungnahmen, in: Die Polizei 2011, S. 321–324.

Eisenberg, Ulrich. Beweisrecht der StPO. Spezialkommentar, 10. Aufl., München 2017 (zitiert nach Randnummer).

Eisenberg, Ulrich/Kölbel, Ralf. Jugendgerichtsgesetz (Kurzkommentar), 21. Aufl., München 2020 (zitiert nach Paragraph und Randnummer).

Esders, Rudolf. Professionelle Zeugen, in: DPolBl 2011, S. 5–11.

Fischer, Thomas. Strafgesetzbuch und Nebengesetze (Kurzkommentar), 67. Aufl., München 2020 (zitiert nach Paragraph und Randnummer).

Foth, Eberhard. Polizeibeamte als Zeugen, in: DRiZ 1971, S. 341.
Gerst, Hans-Joachim, Zeugen in der Hauptverhandlung. Vernehmungsrecht. Vernehmungslehre. Vernehmungstaktik, 2. Aufl., Bonn 2020.
ders. Wiederholungsfragen in der Hauptverhandlung – Alltägliches Prozessgeschehen im Brennglas von Rechtsprechung, Literatur und Praxis, in: StRR 2011, S. 168–171.
ders. Fang- und Suggestivfragen in der Hauptverhandlung – Alltägliches Prozessgeschehen im Brennglas von Rechtsprechung, Literatur und Praxis, in: StRR 2011, S. 408–410.
Grohmann, Peter/Schulz, Willi. Polizeibeamte als Zeugen vor Gericht, in: DAR 1980, S. 74–81.
Habschick, Klaus. Erfolgreich Vernehmen. Kompetenz in der Kommunikations-, Gesprächs- und Vernehmungspraxis, 4. Aufl., Heidelberg 2016.
Heghmanns, Michael/Scheffler, Uwe. Handbuch zum Strafverfahren, München 2008 (zitiert nach Bearbeiter, Kapitel und Randnummer).
Hermanutz, Max/Litzcke, Sven Max/Kroll, Ottmar. Strukturierte Vernehmung und Glaubhaftigkeit. Leitfaden, 4. Aufl., Stuttgart [u. a.] 2018.
Hof, Clemens. Polizeizeugen – Zeugen im Sinne der StPO?, in: HRRS 2015, S. 277–286.
Hücker, Fritz. Der Polizeibeamte als Zeuge, 3. Aufl., Stuttgart [u. a.] 1998.
Jahn, Matthias. Sitzungspolizei contra „Konfliktverteidigung“?, in: NStZ 1998, S. 389–393.
Karlsruher Kommentar zur Strafprozessordnung, mit GVG, EGGVG und EMRK, hrsg. von Rolf Hannich, 8. Aufl., München 2019 (zitiert nach Bearbeiter, Paragraph und Randnummer).
Keller, Christoph. Beamtenpflichten, in: DPolBl 2011, S. 17–21.
Kempf, Eberhard. Rechtsmissbrauch im Strafprozess, in: StV 1996, S. 507–511.
Kintzi, Heinrich. Möglichkeiten der Vereinfachung und Beschleunigung von Strafverfahren de lege ferenda, in: DRiZ 1994, S. 325–334.
Kissel, Otto Rudolf/Mayer, Herbert. Gerichtsverfassungsgesetz. Kommentar, 9. Aufl., München 2018 (zitiert nach Paragraph und Randnummer).
Klemke, Olaf/Elbs, Hansjörg. Einführung in die Praxis der Strafverteidigung, 4. Aufl. Heidelberg 2019 (zitiert nach Randnummer).
Klengel, Jürgen Detlef W./Müller, Clemens Alexander. Der anwaltliche Zeugenbeistand im Strafverfahren, in: NJW 2011, S. 23–28.
Knuf, Joachim. Polizeibeamte als Zeugen vor Gericht. Eine Kommunikationswissenschaftliche Untersuchung. Mit Beiträgen von Gerold Ungeheuer, H. Walter Schmitz, Sibylle Berner und Angelika Regh-Birker, Sonderband der BKA Forschungsreihe, Wiesbaden 1982.
König, Stefan. Die Strafverteidigung in der Hauptverhandlung, in: Grundlagen der Strafverteidigung. Handbuch für die Aus- und Fortbildung des Fachanwalts, hrsg. von Ulrich Ziegert, Stuttgart [u. a.] 2000, S. 155–217.
Kohler, Werner. Zeugenaussagen durch Polizeibeamte, in: Die Polizei 1970, S. 237–240.

Kramer, Bernhard. Grundbegriffe des Strafverfahrensrechts. Ermittlung und Verfahren, 8. Aufl., Stuttgart 2014 (zitiert nach Randnummer).

Krause, Dietmar/Nehring, Günther. Strafverfahrensrecht in der Polizeipraxis, Köln [u. a.] 1978 (zitiert nach Paragraph und/oder Randnummer).

Krüger, Ralf. Der Polizeibeamte vor Gericht, in: Kriminalistik 1978, S. 289–293.

Kube, Edwin. Polizeibedienstete als Zeugen und Sachverständige vor Gericht, in: DRiZ 1979, S. 38–43.

Kube, Edwin/Leineweber, Heinz. Polizeibeamte als Zeugen und Sachverständige, 2. Aufl., Köln [u. a.] 1980.

Kühne, Hans-Heiner. Strafprozessrecht. Eine systematische Darstellung des deutschen und europäischen Strafverfahrensrechts, 9. Aufl., Heidelberg [u. a.] 2015 (zitiert nach Randnummer).

Litzcke, Sven Max/Hermanutz, Max. Vernehmung und Glaubhaftigkeit – Grundbegriffe, in: Vernehmung in Theorie und Praxis. Wahrheit – Irrtum – Lüge, hrsg. von Max Hermanutz und Sven Litzcke, 3. Aufl., Stuttgart [u. a.] 2012, S. 17–31.

Löwe-Rosenberg. Die Strafprozessordnung und das Gerichtsverfassungsgesetz. Großkommentar, hrsg. von Jörg-Peter Becker, Volker Erb, Robert Esser, Ulrich Franke, Kirsten Graalmann-Scheerer, Hans Hilger, Alexander Ignor, 26. Aufl., Berlin/Boston 2006 ff. und 27. Aufl., Berlin/Boston 2016 ff. (zitiert nach Bearbeiter, Paragraph und Randnummer).

Maeffert, Uwe. Licht und Schatten, in: StV 1982, S. 386–391.

Mai, Klaus/Köpcke, Ulf. Polizeibeamte als Zeugen. Das Training der Zeugenrolle für die gerichtliche Vernehmung: psychologische und rechtliche Aspekte, in: Kriminalistik 1995, S. 263–270.

Malek, Klaus. Verteidigung in der Hauptverhandlung, 5. Aufl., Heidelberg 2017 (zitiert nach Randnummer).

Meyer-Goßner, Lutz/Schmitt, Bertram. Strafprozessordnung. Gerichtsverfassungsgesetz, Nebengesetze und ergänzende Bestimmungen (Kurzkommentar), 63. Aufl., München 2020 (zitiert nach Bearbeiter, Paragraph und Randnummer).

Michel, Annegret. Die audiovisuelle Aufzeichnung von Beschuldigtenvernehmungen im Ermittlungsverfahren, Berlin [u. a.] 2019.

Müller, Kai. Ausbildung zum Zeugen, in: DPolBl 2011, S. 25–28.

Nack, Armin. Aussagebeurteilung und Beweiswürdigung, in: Grundlagen der Strafverteidigung. Handbuch für die Aus- und Fortbildung des Fachanwalts, hrsg. von Ulrich Ziegert, Stuttgart [u. a.] 2000, S. 219–298.

Niemöller, Martin. Rechtsmißbrauch im Strafprozeß, in: StV 1996, S. 501–506.

Nöldeke, Werner. Der Polizeibeamte als Zeuge vor Gericht, in: NJW 1979, S. 1644–1645.

Ostendorf, Heribert. Jugendgerichtsgesetz (Kommentar), 10. Aufl., Baden-Baden 2016 (zitiert nach Bearbeiter, Paragraph und Randnummer).

Prondzinski, Peter von. „…nicht verwandt und nicht verschwägert…“, in: DPolBl 2011, S. 2–5.

ders. Führen von Zeugen, in: DPolBl 2011, S. 28–30.

Rieß, Peter/Hilger, Hans. Das neue Strafverfahrensrecht. Opferschutz und Strafverfahrensänderungsgesetz 1987, in: NStZ 1987, 145–157.

Roxin, Claus/Schünemann, Bernd. Strafverfahrensrecht, 29. Aufl., München 2017 (zitiert nach Paragraph und Randnummer).

Rüping, Hinrich. Der Missbrauchsgedanke im Strafprozessrecht und sein Missbrauch, in: JZ 1997, S. 865–869.

Schermer, Günter. Der Polizeibeamte als Zeuge im Strafverfahren, in: Deutsche Polizei 1977, S. 19–20.

Schlothauer, Reinhold. Die Vorbereitung der Hauptverhandlung – mit notwendiger Verteidigung und Pflichtverteidigung, 2. Aufl., Heidelberg 1998 (zitiert nach Randnummer).

Schönke, Adolf/Schröder, Horst. Strafgesetzbuch. Kommentar, 30. Aufl., München 2019 (zitiert nach Bearbeiter, Paragraph und Randnummer).

Schünemann, Bernd. Zur Stellung des Opfers im System der Strafrechtspflege, in: NStZ 1986, S. 193–200 u. 439–443.

Schünemann, Hans-Wilhelm. „Dienstliche Äußerungen" von Polizeibeamten im Strafverfahren, in: DRiZ 1979, S. 101–107.

Schwarz, Ulrich. Kriminalbeamte als Zeugen vom Hörensagen, in: Der Kriminalist 1994, S. 242–247.

Starkgraff, Karoline. Polizeizeugen aus polizeilicher Sicht oder Spieglein, Spieglein an der Wand, in: Bild und Selbstbild der Strafverteidigung. Texte und Ergebnisse des 40. Strafverteidigertages, Frankfurt/Main 2016. Schriftenreihe der Strafverteidigervereinigung, Band 40, Berlin 2016, S. 235–251.

Systematischer Kommentar zur Strafprozessordnung. Mit GVG und EMRK, hrsg. von Jürgen Wolter, 5. Aufl., Köln 2015 ff. (zitiert nach Bearbeiter, Paragraph und Randnummer).

Theune, Lukas. Polizeibeamte als Berufszeugen in Strafverfahren, Baden-Baden 2020.

Trurnit, Christoph. „Konfliktverteidigung" und Polizeibeamte als Zeugen im Strafverfahren, in: Kriminalistik 2009, S. 425–428.

Weber, NN. Polizeibeamte als Zeugen und Sachverständige, in: Deutsche Polizei 1975, S. 24–30.

Weil, Heinz. Der Polizist als Zeuge vor Gericht. Auskunftsperson oder Prügelknabe?, in: Polizeispiegel 1979, S. 75–79.

Wendler, Axel/Hoffmann, Helmut. Technik und Taktik der Befragung. Prüfung von Angaben. Gespräche, Interviews und Vernehmungen zielorientiert vorbereiten und führen. Urteile richtig begründen, Fehler in Urteilen aufdecken. Lüge und Irrtum erkennen, 2. Aufl. Stuttgart 2015 (zitiert nach Randnummer).

Wetterich, Paul. Der Polizeibeamte als Zeuge, 2. Aufl., Stuttgart [u. a.] 1977.

Stichwortverzeichnis

A
Aktenvollständigkeit 96
Amtsverschwiegenheit 53
Anfangsverdacht 114
Angeklagter
- Anwesenheit 37
- Informationsanspruch 36
- Letztes Wort 38
Ausbildung 138
Auskunftsverweigerungsrecht 58
Aussagefähigkeit 67
Aussagegenehmigung 51
Aussagemotivation 70
Aussagepflicht 50
Aussageverweigerungsrecht 118

B
Berufung 28
Beschuldigte
- ausländische 123
- jugendliche 123
- sprachunkundige 123
Beschuldigtenbegriff 113
Beschuldigtenbelehrung
- Fehler 112
- Inhalt 116
- qualifizierte Belehrung 122
- Zeitpunkt 112
- Zweck 112
Beschuldigtenrechte 36
Beschuldigtenvernehmung
- Alkohol- und Drogenabhängige 127
- Alkohol- und Drogeneinfluss 126
- Eröffnung des Tatvorwurfs 128
- erste Vernehmung 111
- Protokollart 132
- Protokollierung 130
- Protokollinhalt 130
- richterliche Vernehmung 111
- Tonaufzeichnung 134
- Übermüdung 125
- Videoaufzeichnung 132
- Wortlautprotokoll 131
- zur Person 128
- zur Sache 129
- Zweck 129
Beugehaft 50
Beweisantrag 122
Beweisermittlungsantrag 122
Beweismittel 20
Beweisverbote 22
Beweisverfahren
- Freibeweis 20
- Strengbeweis 20
Beweiswert 65
Beweiswürdigung 19, 65

D
Dienstgeheimnis 51
Dienstliche Äußerung 44
Disziplinarrechtliche Folgen 50
Disziplinarverfahren 60
Dolmetscher 38, 123

E
Erscheinenspflicht 48

F
Faires Verfahren 114
Falschaussage 42, 50, 57
Fortbildungsangebote 137
Fragen
- Aufforderung zum Vorlesen 103
- entehrende 86
- Erklärungen als Fragen 102
- Filterfragen 109
- funktionswidrige 88

– geschlossene 129
– gesetzeswidrige 89
– Häufung 103
– Mitprotokollieren 82
– offene 129
– persönliche 86
– sachfremde 85
– schätzende 101
– suggestive 87
– ungeeignete 85
– unzulässige 84
– wiederholende 87, 101, 105
– zu Ermittlungen 102, 108
– zur Beschuldigtenvernehmung 109
Fragenkatalog 108
Fragerecht
– Ausübung 81
– Beanstandung von Fragen 82
– Beschwerde 83
– Revisionsgefahr 84

G
Gedächtnisstütze 78
Gedächtnisverschluss 88
Gericht
– Aufklärungspflicht 25
– Besetzung 27
– Besorgnis der Befangenheit 29
– Fürsorgepflicht 30
– Instanzenzug 28, 107
– Sitzungspolizei 31
– Verhandlungsleitung 30
– Wahrheitsfindung 25
– Zuständigkeiten 27
Geschäftsverteilungsplan 26
Gesetzlicher Richter 26
Glaubhaftigkeit 68
Glaubhaftigkeitsanalyse 69
Glaubhaftigkeitsmerkmale 69
Glaubwürdigkeit 68
Glaubwürdigkeitsüberprüfung 68

H
Hauptverhandlung 25
Hauptverhandlungsablauf 34

I
Informatorische Befragung 115

K
Körperverletzung im Amt 43, 59
Kreuzverhör 81

L
Legalitätsprinzip 114

M
Meineid 51, 57
Mündlichkeitsgrundsatz 32

N
Nachbereitung 137
Nachbesprechung 74
Nebenkläger 38

O
Ordnungsgeld 48, 50
Ordnungshaft 48, 50

P
Plädoyer 34
Protokollverlesung 79

R
Rechtliches Gehör 37
Revision 28
Revisionsgrund 30, 84, 107

S
Sachverständiger 44
Schöffen 27
Schwurgericht 27
Spontanäußerung 115
Spurenakten 96

Staatsanwaltschaft
- Amtsanwalt 35
- Handakte 36
- Sitzungsvertreter 36
- Staatsanwalt 35

Strafverteidigung *Siehe Verteidigung* 91

T

Taktikschulungen 138

U

Ungehorsamsfolgen 48
Unmittelbarkeitsgrundsatz 33, 46
Urkundenbeweis 80

V

Verdeckter Ermittler 53, 76
Vereidigung 51
Verfahrensbeteiligte 34
Verlesung von Erklärungen 80
Vernehmungspause 126
Verteidiger
- Akteneinsichtsrecht 96
- Anwesenheitsrecht 95
- einseitige Interessenwahrnehmung 93
- Fragenkatalog 108
- Stellung und Funktion 92
- Verschwiegenheitspflicht 94
- Vorbereitung der Zeugenvernehmung 107
- Wahrheitspflicht 94

Verteidigerkonsultation 119
Verteidigung
- Hochschullehrer als Verteidiger 92
- Klamaukverteidigung 99
- Konflikt 97
- Konfliktverteidigung 98
- Missbrauch 99
- notwendige 92, 120
- Pflichtverteidigerbestellung 120
- Pflichtverteidigerbestellung bei Jugendlichen 124
- Rechtsanwalt als Verteidiger 92

Verteidigungskonzept 106
Verteidigungsstrategie 106
Verteidigungstaktiken
- Provokationstaktik 105
- Rollentauschtaktik 104
- Verhinderungstaktik 103
- Verunsicherungstaktik 101

Verteidigungsziel 106
Verwaltungsermittlungen 60
V-Mann 53, 63, 115
Vorbereitung 136
Vorbereitungshinweise 55
Vorbereitungspflicht 54
Vorbesprechung 116
Vorhalt 78, 102

W

Wahrheitspflicht 57
Wartezeiten 73
Widerstandshandlungen 42, 59, 61

Z

Zeugenabsprachen 73
Zeugenanhörungen 115
Zeugenauftreten 74
Zeugenaussage 21
Zeugenbegriff 21
Zeugenbeistand 60
Zeugenentschädigung 64
Zeugenpflichten 48
Zeugenrechte 57
Zeugenrollen
- eigene Ermittlungen 45, 65
- Opferzeuge 42, 56, 62
- sachverständige Zeugen 43
- Tatzeuge 41

Zeugenschutz 62
- besonders gefährdete Zeugen 76
- besonders schutzwürdige Zeugen 63

Zeugenverhalten 70
Zeugenvernehmung
- Bericht 77
- Bestätigungsvernehmung 106, 108
- Verhör 77
- zur Person 75
- zur Sache 76
Zeuge vom Hörensagen 22, 33, 46, 53, 55, 66, 111
Zeugnisverweigerungsrechte 57